国之重器出版工程

制 造 强 国 建 设

2019—2020 年中国工业和信息化发展系列蓝皮书

2019—2020 年
中国互联网产业发展蓝皮书

中国电子信息产业发展研究院 **编 著**

张 立 **主 编**

陆 峰 **副主编**

电子工业出版社

Publishing House of Electronics Industry

北京·BEIJING

内 容 简 介

本书从推动互联网与实体经济深度融合和全面展现中国互联网发展的生动实践的角度出发，系统分析了我国互联网产业发展情况，分为综合篇、行业篇、企业篇、政策篇、热点篇、展望篇六个部分，共 34 章。综合篇，总结分析了 2019 年全球及我国互联网产业发展的整体状况和特点；行业篇，选取移动互联网、工业互联网、电子商务、云计算、大数据、人工智能、互联网治理进行了专题分析并提出了相关建议；企业篇，依托行业篇确定的细分领域，着重分析了代表性企业在 2019 年的总体发展情况和重点发展战略；政策篇，全面梳理和分析了 2019 年中国互联网产业发展面临的整体政策环境，以及国家于 2019 年颁布和正式实施的重要法律法规和政策文件；热点篇，结合我国互联网产业发展情况，重点选择了具有年度影响力的典型热点事件展开分析；展望篇，结合我国互联网产业发展面临的形势，展望了中国互联网产业的发展走向。本书力求为相关行业主管部门和业界人士了解与推动互联网产业发展提供一个窗口。

图书在版编目（CIP）数据

2019—2020 年中国互联网产业发展蓝皮书 / 中国电子信息产业发展研究院编著；张立主编. —北京：电子工业出版社，2020.12
（2019—2020 年中国工业和信息化发展系列蓝皮书）
ISBN 978-7-121-40046-9

Ⅰ. ①2… Ⅱ. ①中… ②张… Ⅲ. ①互联网络－高技术产业－产业发展－研究报告－中国－2019-2020 Ⅳ.①F492.3

中国版本图书馆 CIP 数据核字（2020）第 238605 号

责任编辑：秦 聪
印　　刷：固安县铭成印刷有限公司
装　　订：固安县铭成印刷有限公司
出版发行：电子工业出版社
　　　　　北京市海淀区万寿路 173 信箱　　邮编：100036
开　　本：720×1 000　1/16　印张：12.25　字数：235.2 千字　彩插：1
版　　次：2020 年 12 月第 1 版
印　　次：2020 年 12 月第 1 次印刷
定　　价：198.00 元

凡所购买电子工业出版社图书有缺损问题，请向购买书店调换。若书店售缺，请与本社发行部联系，联系及邮购电话：（010）88254888，88258888。
质量投诉请发邮件至 zlts@phei.com.cn，盗版侵权举报请发邮件至 dbqq@phei.com.cn。
本书咨询联系方式：（010）88254568，qincong@phei.com.cn。

专家委员会委员（按姓氏笔画排列）：

于　全	中国工程院院士
王　越	中国科学院院士、中国工程院院士
王小谟	中国工程院院士
王少萍	"长江学者奖励计划"特聘教授
王建民	清华大学软件学院院长
王哲荣	中国工程院院士
尤肖虎	"长江学者奖励计划"特聘教授
邓玉林	国际宇航科学院院士
邓宗全	中国工程院院士
甘晓华	中国工程院院士
叶培建	人民科学家、中国科学院院士
朱英富	中国工程院院士
朵英贤	中国工程院院士
邬贺铨	中国工程院院士
刘大响	中国工程院院士
刘辛军	"长江学者奖励计划"特聘教授
刘怡昕	中国工程院院士
刘韵洁	中国工程院院士
孙逢春	中国工程院院士
苏东林	中国工程院院士
苏彦庆	"长江学者奖励计划"特聘教授
苏哲子	中国工程院院士
李寿平	国际宇航科学院院士

郑纬民　中国工程院院士

郑建华　中国科学院院士

屈贤明　国家制造强国建设战略咨询委员会委员、工业
　　　　和信息化部智能制造专家咨询委员会副主任

项昌乐　中国工程院院士

赵沁平　中国工程院院士

郝　跃　中国科学院院士

柳百成　中国工程院院士

段海滨　"长江学者奖励计划"特聘教授

侯增广　国家杰出青年科学基金获得者

闻雪友　中国工程院院士

姜会林　中国工程院院士

徐德民　中国工程院院士

唐长红　中国工程院院士

黄　维　中国科学院院士

黄卫东　"长江学者奖励计划"特聘教授

黄先祥　中国工程院院士

康　锐　"长江学者奖励计划"特聘教授

董景辰　工业和信息化部智能制造专家咨询委员会委员

焦宗夏　"长江学者奖励计划"特聘教授

谭春林　航天系统开发总师

前 言

一

党的十九大报告提出"推进互联网、大数据、人工智能和实体经济深度融合""建设网络强国、数字中国、智慧社会"等任务要求，2019 年国务院政府工作报告和中央经济工作会议又分别提出要拓展"智能+"和大力发展数字经济。在当前及今后一段时间，尤其是在即将到来的"十四五"期间，我国互联网产业发展将进入一个新阶段，呈现一些新的特点。

一是从消费互联网向产业互联网全面渗透及转变。近年来，随着国家"互联网+""大数据+""人工智能+"战略的实施和推进，我国互联网应用已经从新闻资讯、社交娱乐、商贸零售、旅游交通、餐饮住宿、医疗教育等传统消费型领域向产业领域渗透，互联网、大数据、人工智能等信息技术正在被广泛地应用到生产、制造、物流等产业发展领域，培育出了在线监测、远程控制、个性化定制、网络制造、供应链金融等新业态，推动了产业运行、服务、商业模式等创新应用，促进了产业发展方式变革，提升了产业发展适应网络市场和智慧社会发展的能力。

二是从商业模式比拼向核心技术创新比拼转变。过去十年，我国互联网产业快速发展，已经从偏重商业模式驱动向注重技术创新驱动的方向转变，基于双边或多边平台满足供需对接的互联网发展商业模式的红利正在逐渐消失，云计算、大数据、人工智能、区块链等新技术驱动创新应用，已经成为互联网企业新一轮发展的强大引擎。以 BAT（百度、阿里巴巴及腾讯）为代表的网络科技企业，为了在复杂的国内外竞争中保持发展的独立性和引领性，纷纷投巨资布局芯片、量子计算、卫星互联网等基础性和战略性领域，力图在互联网产业发展竞争中保持技术领先优势。

三是从用户规模比拼向深挖用户关联需求转变。对于网络零售、社交娱乐、新闻资讯等一些互联网发展成熟的领域，经过几年的大力推广，一些重点平台的用户规模增长已经接近"天花板"，用户增加对平台收入增长的边际效应已经越来越弱。通过大数据洞察，精准用户画像，深度挖掘用户潜在需求，激发其消费活力，提升多样化服务能力，已经成为互联网企业创新服务模式、拓展服务价值链的重要方式。

四是从搜索引导需求向应用场景诱导需求转变。随着新增资源内容从桌面 Web 应用向移动应用程序迁移，移动应用内搜索诱导和场景诱导已经成为互联网广告诱导的主要模式。直播电商、基于位置服务的移动电子商务等新兴互联网服务，已经成为当前互联网产业向服务业渗透的重要路径和模式，对推动数字经济和实体经济深度融合发挥着重要作用。

五是从需求驱动创新向数据挖掘驱动创新转变。随着过去十年移动互联网在经济社会的广泛渗透，互联网服务的发展极大地满足了显性消费需求，但显性消费需求驱动互联网发展的势头减弱，我国互联网产业发展正在从显性需求驱动技术创新向数据挖掘和应用驱动技术创新转变。除了发展云计算、大数据、物联网、人工智能等通用目的性技术来驱动服务发展，越来越多的互联网企业已经开始大规模部署未来数据、计算等技术创新，力图通过技术原始创新来培育新服务，挖掘和激发用户潜在的消费需求，力争在新一轮互联网服务大战中立于不败之地。

六是从在线服务向智能化"线上+线下"融合服务转变。随着互联网企业业务从线上向线下渗透及智慧社会建设的推进，互联网产业发展已经从单一的线上服务向智能化的"线上+线下"融合服务转变，移动刷脸支付、智能快递柜、无人商店、无人车送货、机器人服务等智能化的"线上+线下"

服务，不仅极大地提高了服务便捷性及公众的获得感和体验感，也推动了线下服务的提档升级，成为发展智能经济、推动数字经济和实体经济融合的重要抓手。

七是从无序扩张发展向发展治理协同并举转变。近年来，在中央网络安全和信息化委员会的统一领导与积极推动下，我国互联网领域法制体系和执法机制不断完善，先后出台了《网络安全法》《电子商务法》《密码法》等法律法规，并在互联网新闻、社交网络、数据安全、网络安全、网络安全审查、网络生态、融合业态等治理领域出台了系列规章，同时强化了网信、公安、市场监管及相关部门在网络执法方面的信息共享和业务协同，构建了高效的协同执法机制，有效地规范了互联网的无序发展状态，大大提高了依法治理和协同治理水平。

二

为了推进互联网产业持续创新，推动数字经济和实体经济深度融合，保持数字经济长期可持续发展，需要做好以下几方面的工作。

一是加强新技术研发创新。新技术是推动互联网产业向前发展的永恒动力，回顾 21 世纪发展的 20 年，每次技术的重大创新都会推动互联网产业步入一个新的发展阶段，培育出众多新的发展业态，使其进入一个新的快速发展期，释放源源不断的发展红利。面对经济社会数字化、网络化和智能化的发展趋势，以及数字经济发展、智慧社会和网络强国等建设需求，要持续加强 5G、云计算、大数据、物联网、人工智能、区块链等新一代信息技术研发，加强技术基础创新、原始创新和应用创新，推动技术持续升级和创新，提高技术对场景开拓、服务创新、应用支撑、商业变革等能力。

二是深化应用场景用户服务。应用场景是技术落地和技术红利释放的关键，当前我国互联网产业发展进入了新的历史时期，正处在用户规模、普通场景红利消失和新需求亟待挖掘的关键点，需要结合产业转型升级、智慧城市和数字政府建设等契机，积极发挥新一代信息技术在强化连接关系、拓展服务渠道、创新服务业态等方面的作用，深化互联网、大数据、人工智能等技术在应用场景的集成融合应用。

三是推动智能服务发展。推进服务智能化转型、大力发展智能服务已经成为当前互联网产业提档升级的主要路径。要依托互联网、大数据、人工智能等技术发展成果，紧紧抓住智慧城市、智能工业、数字政府、智慧交通、智慧物流、智慧旅游、智慧文旅等建设契机，大力发展智能服务，培育如黑灯工厂、无人商店、无人仓储、无人物流、无人客户等新业态，助推智能经济和智慧社会建设。

四是强化企业合规发展。业务平台治理机制是网络时代社会治理的重要组成部分。平台处在网络社会治理的最前端，只有强化业务平台治理机制，压实互联网企业的主体责任，促进平台自律和自治，才能构建起高效的网络社会治理机制。大力推进《网络安全法》《电子商务法》《密码法》等法律法规在互联网新闻、社交网络、数据安全、网络安全、网络生态、融合业态等治理领域的宣传和实施，做好企业合规培训和定期执法检查，提高企业守法守规意识，保障互联网产业持续健康发展。

五是加强网络生态治理。抓住网络经济社会治理的关键，重点加强网络数据、融合业态等治理，确保网络经济社会健康发展。加快完善网络数据采集存储、共享交换、流通交易、开发利用等方面的管理办法，以及负面清单、标准规范、操作指南、法律法规等规章制度的建设，确保网络数据安全、平稳、有序流通。面对互联网、大数据、人工智能和实体经济融合发展的大趋势，完善融合业态业务准入制度，加强平台算法、业务模型等审查监管，构建新旧业态公平竞争和科技安全发展的制度保障。构建政府和平台企业协同治理的新型监管机制，推进"政府管平台、平台管驻户"的平台化治理模式，提高对网络平台及驻户精准监管的治理能力。

三

基于上述形势，中国电子信息产业发展研究院编著了《2019—2020 年中国互联网产业发展蓝皮书》。本书从推动互联网与实体经济深度融合和全面展现中国互联网产业发展的生动实践的角度出发，系统分析了 2019 年我国互联网产业发展情况，对基本情况、细分行业、主要企业、政策环境、年度热点和未来展望进行了全景式研究。全书分为综合篇、行业篇、企业篇、政策篇、热点篇、展望篇六个部分，共 34 章。

综合篇，总结分析了 2019 年全球及我国互联网产业发展的整体状况和特点。

行业篇，选取移动互联网、工业互联网、电子商务、云计算、大数据、人工智能、互联网治理这些重点领域进行了专题分析，全面论述了各细分领域在 2019 年的发展情况和主要特点，并提出了相关建议。

企业篇，依托行业篇确定的细分领域，选择核心竞争力强、经营规模居于前列、具有代表性的企业展开论述，着重分析了各企业在 2019 年的总体发展情况和重点发展战略。

政策篇，全面梳理和分析了 2019 年中国互联网产业发展面临的整体政策环境，并对国家于 2019 年颁布和正式实施的重要法律法规和政策文件进行了重点解析。

热点篇，结合我国互联网产业发展情况，重点选择了具有年度影响力的典型热点事件展开分析。

展望篇，结合我国互联网产业发展面临的国内外形势，在系统展现国外重点研究机构的预测性观点的基础上，展望了中国互联网产业的发展走向。

目 录

综 合 篇

行 业 篇

企　业　篇

政　策　篇

热　点　篇

展　望　篇

综合篇

第一章

2019 年全球互联网产业发展状况

第一节　全球互联网产业整体发展状况

一、全球互联网产业用户大幅增长，带动各领域不断增长

互联网用户数量方面，截至 2019 年 10 月，全球互联网用户数量比上年同期增长了 4 亿人，增长率达 10%，全球互联网用户的数量接近 45 亿人，新兴经济体尤其是非洲地区国家这一数值增长明显。社交媒体用户数量再次增长，2019 年第四季度，印度已经有超过 4 亿人的活跃用户数量，印度的移动互联网用户数量以每天超过 25 万人的速度增长。

从全球社交媒体知名企业来看，脸书和腾讯旗下的其他平台对社交媒体用户数量的整体增长做出了贡献。脸书在全球所有社交媒体平台中仍然拥有最庞大的青年受众群体，据应用程序数据分析公司 App Annie 的数据显示，抖音在全球范围内继续保持爆炸式增长，截至 2019 年第三季度，抖音的月度活跃用户数量仅次于 Instagram。Pinterest 相关数据稳步攀升，Pinterest 的第一份投资者收益报告显示，该平台目前在全球拥有月度活跃用户 3 亿人，同比增长了 30%。

二、亚洲互联网产业迅速崛起

App Annie 的最新数据显示，全球十款最常用的手机应用程序中，六款归中国企业所有；在手机游戏方面，中国企业也占据主导地位，占全球所有应用程序下载量的 40%。亚洲互联网产业的数字影响力不仅限于中国企业，日本和韩国也提供了一些世界上最受欢迎的应用程序。从网页数据来看，情况与此类似，随着中国电子商务平台发展取得巨大成功，越来越多的亚洲网站成为访问量极高的在线目的地。根据 SimilarWeb 的全球网页流量洞察显示，在 2019 年 9 月全球访问量最高的公司网站排名中，韩国的 naver.com 和日本的 yahoo.co.jp 均已进入前二十名。

来自亚马逊洞察部门 Alexa 的报告显示，全球访问量最高的五个网站中，中国网站占据了三个；排名前二十位的网站中，中国网站占据一半以上。天猫在 Alexa 的最新排名中表现尤其出色，位列第四名。

越来越多的购物者正在使用亚马逊的手机应用程序。中国企业在手机电子商务领域的表现也非常突出。阿里巴巴的淘宝应用程序在 App Annie 的全球最常用手机应用程序榜单中排名第九位。亚洲的巨大人口数使该地区互联网用户数快速增长，其影响不可低估。

三、南非互联网产业发展迅速

2019 年，南非总人口达 5773 万人，其中互联网用户达 3118 万人，占总人口的 54%，活跃移动互联网用户达 2890 万人；活跃社交媒体用户共 2300 万人，活跃移动社交媒体用户共 2200 万人。截至 2019 年，南非移动互联网用户数达 9805 万人，是总人口的 170%；其中预付费用户数为 8236 万人，后付费用户数为 1569 万人。2019 年，南非最受欢迎的实时通信 App 是 WhatsApp，活跃渗透率达到了 90%；南非移动互联网用户最常使用的社交平台是 YouTube、脸书和 Instagram，活跃渗透率分别为 84%、82%、54%。

第二节　全球互联网产业整体发展特点

一、互联网应用"数字"鸿沟仍然存在

全球还有超过 30 亿人未能联网。一方面，发达国家智能手机普及率远超新兴经济体，韩国智能手机普及率达到 95%；另一方面，全球智能手机出货量相比 2018 全年下滑 2% 至 13.7 亿部。不同发展程度国家

使用的智能设备存在明显差异,三星蝉联智能手机出货量榜首。总体上,高清分辨率产品成为趋势,发达国家中 1080×1920 屏幕分辨率设备比例达到 42.35%,720×1280 屏幕分辨率设备居全球最高存量。

二、全球 5G 发展提速

从 2019 年全球 5G 商用情况来看,截至 2019 年 10 月,全球已有 109 个国家的 328 家运营商宣称已经开始进行 5G 方面的投资,27 个国家和地区的 50 家运营商已经完成 5G 基础设施的部署并开始 5G 商用,韩国进度居前,已建设超过 20 万个 5G 基站。从运营商规划来看,2020 年,亚太地区 5G 商用规模于上半年逐渐上量,欧洲地区稍晚,于 2020 年下半年上量。相较于 4G 和 3G 时代全球商用的进展程度有较大不同,5G 时期的商用速度全球基本同步,我国的技术引领全球,根据 Lplytics 公司的数据显示,中国 5G 标准必要专利占比为 34%,展现出了研发和技术的领先优势。

设备商方面,截至 2019 年 6 月,华为居世界第一位,标准必要专利在全球总量中的占比达到 15%,诺基亚紧随其后,占比为 14%,三星以 13% 的占比位列第三名。LG、中兴、高通、爱立信、英特尔等公司均位列前十名。全球已签署的 5G 商用合同方面,中国企业也位于领先,截至 2019 年 6 月,华为签署了 50 份商用合同,发货 5G 基站数量为 15 万个,诺基亚签署相关合同为 43 份、中兴为 24 份、爱立信为 18 份。

终端设备方面,截至 2019 年 11 月,全球共发布 5G 终端设备 183 个,增速显著。其中,发布 5G 手机数量为 54 台,说明终端厂商也一致看好 5G 的商用进度,积极布局。手机使用的基带芯片大多数为高通 X50,支持 NSA 的组网方式,同时支持 NSA 和 SA 组网方式的 X55 于 2020 年商用。华为的巴龙 5000 只用于本品牌的 5G 手机,同时支持 NSA 和 SA 的组网方式。苹果和三星也在积极推进 5G 基带芯片的研发和商用进程,2020 年 5G 手机销量有望迎来爆发,相关产业链受益。模组方面,国内外的模组厂商也在积极研发相应的 5G 模组,大多数采用高通基带芯片进行研发,成本较高,而华为于 2019 年 10 月在深圳发布了自研的 5G 工业模组,价格仅为 999 元,相信此举将带动其他品牌商降价,从侧面推动了 5G 模组的推广和普及,使物联网产业受益。

三、中美数字经济全球领先

《2019 年数字经济报告》（以下简称《报告》）显示，美国和中国在数字经济发展中的领先地位体现在多个方面。比如，两国占区块链技术所有相关专利的 75%，全球物联网支出的 50%，云计算市场的 75%以上，全球 70 家最大的数字平台公司市值的 90%。《报告》显示，全球 70 家最大的数字平台企业中，68%来自美国、22%来自中国。2019 福布斯全球数字经济 100 强榜单显示，美国企业有 38 家上榜，数量最多，且在前 10 名中占据了 8 位，其中苹果位居榜首；中国上榜企业数量为 14 家，位列第二名。亚洲方面，日本有 13 家企业上榜，其中软银的位次最高；韩国有 4 家企业上榜，其中三星电子的位次最高。

第二章

2019 年中国互联网产业发展状况

第一节　中国互联网产业整体发展状况

一、网民规模小幅增长，应用场景更加多元

2019 年 6 月发布的第 44 次《中国互联网络发展状况统计报告》显示，截至 2019 年 6 月，我国网民规模达 8.54 亿人，较 2018 年年底增长了 2598 万人，互联网普及率达 61.2%，较 2018 年年底提升了 1.6%。从上网方式来看，手机网民规模达 8.47 亿人，较 2018 年增长了 2984 万人，我国网民使用手机上网的比例达 99.1%，较 2018 年年底提升了 0.5%。从网民户籍情况来看，农村地区网民规模为 2.25 亿人，占网民整体的 26.3%，较 2018 年年底增长了 305 万人，城镇地区网民规模为 6.30 亿人，占网民整体的 73.7%，较 2018 年年底增长了 2293 万人。从用户场景来看，我国即时通信用户规模达 8.25 亿人，网络新闻用户规模达 6.86 亿人，网络购物用户规模达 6.39 亿人，网上外卖用户规模达 4.21 亿人，网络支付用户规模达 6.33 亿人，网络视频用户规模达 7.59 亿人，网约车用户规模达 3.37 亿人，在线政务服务用户规模达 5.09 亿人。从资费和流量来看，与 2014 年相比，2019 年移动宽带平均下载速率提升约 6 倍，手机上网流量资费下降超 90%。"提速降费"推动移动互联网流量大幅攀升，月均用户流量达到了 7.2GB，为全球平均水平的 1.2 倍，移动互联网接入流量消费达 553.9 亿 GB，同比增长了 107.3%。

二、IPv6 建设成果显著，网络质量进一步提升

截至 2019 年 6 月，我国 IPv6 地址数量为 50286 块（/32），比 2018 年提升了 14.3%。域名总数为 4800 万个，其中，".CN" 域名数量为 2185 万个，较 2018 年年底增长了 2.9%，占我国域名总数的 45.5%。".COM" 域名数量为 1456 万个，占我国域名总数的 30.3%。".中国" 域名数量为 171 万个，占我国域名总数的 3.6%。新通用顶级域名数量为 806 万个，占我国域名总数的 16.8%。网络接入方面，光纤接入用户规模达 3.96 亿户，占互联网宽带接入用户总数的 91%，较 2018 年提升了 0.6 个百分点。100M 以上宽带接入用户总量占互联网宽带接入用户总数比例为 77.1%。宽带网络下载速率上，我国固定宽带网络平均可用下载速率为 31.34Mb/s，同比增长了 55.5%。我国移动互联网用户使用 4G 网络访问互联网时的平均下载速率达到 23.01Mb/s，同比增长了 20.4%。

三、增量到存量竞争转变，各大公司相继加码自身技术

2019 年中国网民的数量逐渐饱和，增长潜力基本见顶。互联网发展初期流量红利的时代基本结束，市场由增量竞争转变为存量竞争，互联网进入一个更加成熟与更需技术创新的新状态。在移动互联网全面普及的大背景下，互联网前所未有地从线上世界融入社会发展的多个层面，并且推动了 5G、大数据、人工智能等技术的进一步发展。处于这样的大拐点，我国互联网头部公司也在以各自不同的方式积极求变。

腾讯成立技术委员会。2019 年年初，腾讯宣布成立技术委员会，其初衷为通过内部分布式开源协同，加强基础研发，打造具有腾讯特色的技术中台，让科技成为公司业务发展和产品创新的动力与支撑。腾讯技术委员会的主要目标有两个：一是以"自上而下"的方式推动内部开源，减少代码重复开发，提升项目效率；二是统筹内部研发工作在云端深度整合，加速云上配置一体化。从具体的成绩来看，腾讯在"开源协同"方面收获颇丰，已开展了 8000 个开源项目和 50 个协同项目，其中的代表性项目有腾讯 CI、TianQiong（天穹）、视频处理等；在对外开源方面，截至 2019 年 9 月，腾讯在 Github 上发布了 84 个开源项目，累计获得的 Star 数超过 24 万。

小米成立技术委员会。2019 年 2 月 26 日，小米宣布成立技术委员会。小米技术委员会不仅要承担技术研究、方向把握和技术合作的角色，也要负责小米整体的技术文化、技术角色和技术人才培养。2019 年 11 月，小米在开发者大会上介绍了其核心技术，涵盖智能手机、Auto ML、小米移动端深度学习框架 MACE、NLP、Pegasus 和小爱同学 3.0 等，并总结出了 IoT 到 AIoT 的三大质变因素。小米在技术层面的努力获得了一些重要认可，科学技术部已授予小米"智能家居国家新一代人工智能开放创新平台"称号。

京东宣布技术转型战略。2019 年 11 月 19 日，在京东全球科技探索者大会（JDD）上，京东宣布了整体向技术转型的战略，旗下京东零售、京东数字科技、京东物流三大子集团业务首次集中亮相，同时，京东明确对外阐释了"以零售为基础的技术与服务企业"的集团战略定位。2019 年 12 月 6 日，京东集团宣布成立京东云与人工智能事业部，该事业部整合了原京东云、人工智能、IoT 三大事业部的架构与职责。目前，京东人工智能开放平台 NeuHub 已经联合内外部生态力量，携手生态伙伴共研发了 200 余款产品及应用，科学技术部也宣布依托京东集团建设智能供应链国家新一代人工智能开放创新平台。

四、产业领域进一步细化，商务模式更加多元

2019 年，我国互联网产业领域呈现进一步细化的趋势，电子商务方面，直播电商、社区拼团、社交电商等帮助商家更高效地触达用户，引发其消费需求，在降低消费者挑选时间成本的同时，让消费者对产品有了更加深入的了解。互联网广告方面，2019 年我国互联网广告总收入约 4367 亿元，同比增长率为 18.2%，增幅较同期略有放缓，减少了 5.96 个百分点，但仍保持平稳增长的态势。从广告依托的平台类型来看，2019 年以来自电商平台的广告占总量的 35.9%，稳居第一位，同比增长了 3%；搜索类平台广告以 14.9% 的份额居第二位，但比 2018 年的 21% 有所下降；视频类平台收入同比增长 43%，取代新闻资讯类平台，成为第三大互联网广告投放平台。云计算方面，2019 年中国云计算行业市场规模突破千亿元，公有云市场规模达 521 亿元，私有云市场规模达 642 亿元。

五、5G 开启商用新征程，5G 与工业互联网融合发展大提速

5G 被公认为是能够带来行业变革的技术，具有超大带宽、超可靠低时延、海量物联三大特性，在手机、物联网、AR、VR 等领域都将带来全新的突破。2019 年 6 月 6 日，工业和信息化部正式向中国电信、中国移动、中国联通、中国广电四家企业颁发了基础电信业务经营许可证，并向通信运营商发放了 5G 商用牌照，中国正式进入 5G 商用元年。截至 2019 年 5 月底，我国企业声明 5G 专利数量占全球总量比超过 30%，居全球首位。2019 年 11 月 1 日，三大运营商正式上线 5G 商用套餐。截至 2019 年 12 月 23 日，全国建成 5G 基站 12.6 万个。基础电信企业和大型工业企业强强联合，在多个行业加快布局，已形成 20 余种融合应用类型，重点聚焦工业制造、能源电网、智慧港口等领域。制造业企业积极运用新型网络技术开展工厂内网改造，基础电信企业加快建设高品质标杆网络；已建成并运行 5 个国家顶级节点，标识注册量已达 11 亿个；具备一定行业、区域影响力的平台数量超过 50 家，重点平台的平均工业设备连接数突破 65 万台、平均注册用户数 50 万户、平均工业 App 数 1950 个；国家、省市自治区和企业三级联动的安全保障体系加快构建，已与 12 个省市自治区进行对接，覆盖企业 9.1 万家，监测工业互联网平台 135 个。

第二节 中国互联网产业整体发展特点

一、下沉市场释放消费动能，跨境电商等领域持续发展

截至 2019 年 6 月，我国网络购物用户规模达 6.39 亿人，较 2018 年年底增长了 2871 万人，占网民总量的 74.8%。网络购物市场保持较快发展，下沉市场、跨境电商、模式创新为网络购物市场提供了新的增长动能。在地域方面，以中小城市及农村地区为代表的下沉市场拓展了网络消费增长空间，电商平台加速渠道下沉。在业态方面，跨境电商零售进口额持续增长，利好政策进一步推动行业发展。在模式方面，直播

带货、工厂电商、社区零售等新模式蓬勃发展，成为网络消费增长新亮点。

二、网络视频运营更加专业，娱乐内容生态逐步构建

截至 2019 年 6 月，我国网络视频用户规模达 7.59 亿人，较 2018 年年底增长了 3391 万人，占网民总量的 88.8%。各大视频平台进一步细分内容品类，并对其进行专业化生产和运营，行业的娱乐内容生态逐渐形成。各平台以电视剧、电影、综艺、动漫等核心产品类型为基础，不断向游戏、电竞、音乐等新兴产品类型拓展，以 IP（知识产权）为中心，通过整合平台内外资源实现联动，形成视频内容与音乐、文学、游戏、电商等领域协同的娱乐内容生态。

三、在线政务普及率近六成，服务水平持续向好

截至 2019 年 6 月，我国在线政务服务用户规模达 5.09 亿人，占网民总量的 59.6%。在政务公开方面，2019 年上半年，各级政府着力提升政务公开质量，深化重点领域信息公开。在政务新媒体发展方面，我国 297 个地级行政区政府已开通了"两微一端"等新媒体传播渠道，总体覆盖率达 88.9%。在一体化在线政务服务平台建设方面，各级政府加快办事大厅"线上+线下"融合发展，"一网通办""一站对外"等逐步实现。在新技术应用方面，各级政府以数据开放为支撑、新技术应用为手段，服务模式不断创新。在县级融媒体发展方面，各级政府坚持移动化、智能化、服务化的建设原则，积极开展县级融媒体中心建设工作，成效初显。

四、区块链技术明确战略地位，构筑新赛场先发主导优势

2019 年 10 月 24 日下午，中共中央政治局就区块链技术发展现状和趋势进行第十八次集体学习。会议指出，区块链技术应用已延伸到数字金融、物联网、智能制造、供应链管理、数字资产交易等多个领域。目前，全球主要国家都在加快布局区块链技术发展。我国在区块链领域拥有良好基础，要加快推动区块链技术和产业创新发展，积极推进区块

链和经济社会融合发展；要强化基础研究，提升原始创新能力，努力让我国在区块链这个新兴领域走在理论最前沿、占据创新制高点、取得产业新优势；要推动协同攻关，加快推进核心技术突破，为区块链应用发展提供安全可控的技术支撑；要加强区块链标准化研究，提升国际话语权和规则制定权；要加快产业发展，发挥好市场优势，进一步打通创新链、应用链、价值链；要构建区块链产业生态，加快区块链和人工智能、大数据、物联网等前沿信息技术的深度融合，推动集成创新和融合应用。

五、网络综合治理迈向纵深发展，多元主体共建共治形成良好生态格局

2019 年，中央网信办等四大部委发布了《关于开展 App 违法违规收集使用个人信息专项治理的公告》，并在全国范围内组织开展了 App 违法违规收集使用个人信息专项治理行动。工业和信息化部开展了 App 侵害用户隐私专项整治工作，针对调查中发现的问题，通报或下架了多款违规 App，维护了用户的隐私权益；11 月 28 日，中央网信办、工业和信息化部、公安部、市场监管总局联合制定了《App 违法违规收集使用个人信息行为认定方法》，为互联网监管部门认定 App 违法违规收集使用个人信息行为提供了参考，为 App 运营者自我纠正和网民社会监督提供了指引；12 月 19 日，工业和信息化部通报了第一批侵害用户权益行为的 App 名单。2019 年 5 月 13 日，网络安全等级保护制度 2.0 系列标准正式发布，并于 12 月 1 日开始实施。此系列标准的发布，对加强我国网络安全保障工作，提升网络安全保护能力具有十分重要的意义。

行业篇

第三章

移动互联网

第一节　总体发展情况

一、移动互联网用户量持续增长

截至 2019 年 6 月，我国互联网用户总数为 8.54 亿人，同比增长了 6.6%。其中，移动互联网用户占互联网总体用户比例持续提升，截至 2019 年 6 月，手机网民占网民数量的比重已高达 99.1%，手机网民规模达 8.47 亿人，较 2018 年年底增加了约 2984 万人（见图 3-1）。各类手机应用的用户规模不断上升，场景更加丰富，强化了移动互联网主导地位。其中，手机网络支付用户规模增长速度最快，较 2018 年年底增长了 6.5%。此外，手机即时通信以 96.9% 的网民使用率位居各类应用使用率排行第一，用户规模达 8.2 亿人。

二、移动互联网接入流量较快增长

"线上+线下"服务融合创新保持活跃，各类互联网应用加快向四五线城市和农村用户渗透，使移动互联网接入流量消费保持较快增长（见图 3-2）。截至 2019 年 12 月，我国移动互联网接入流量消费达 1220 亿 GB，同比增长了 71.6%，在连续 46 个月（2015 年 10 月至 2019 年 7 月）三位数高增速后，全年增速较上年收窄 116.7 个百分点；其中，通过手机上网的流量达到 1210 亿 GB，同比增长了 72.4%，占移动互联网总流量的 99.2%。全年移动互联网月户均流量（DOU）达 7.82GB/户/月，是

2018 年的 1.69 倍，12 月当月 DOU 高达 8.59GB/户。

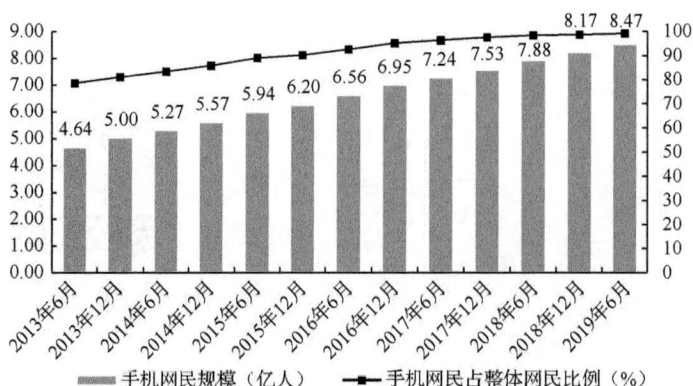

图 3-1 我国手机网民规模及其整体网民比例

数据来源：CNNIC，赛迪智库整理，2019 年 1 月

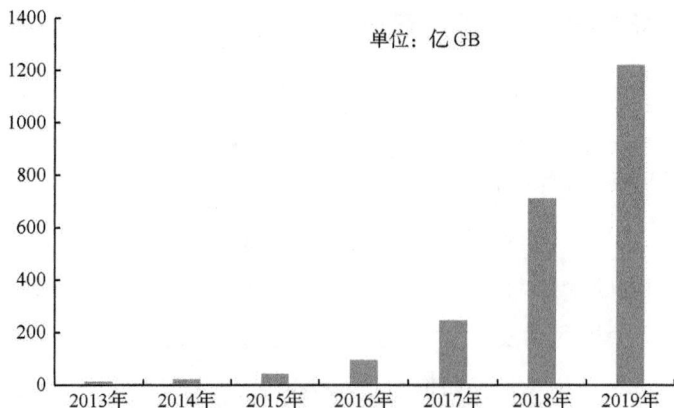

单位：亿 GB

图 3-2 我国移动互联网接入流量

数据来源：工业和信息化部，赛迪智库整理，2020 年 3 月

从区域来看，西部地区移动互联网接入流量增速在全国领先，继续保持较快增长。2019 年，东部地区移动互联网接入流量达到 531 亿 GB，同比增长了 67.8%，占比达 43.52%，仍是移动互联网应用的主要市场；中部地区移动互联网接入流量达到 262 亿 GB，同比增长了 75.2%；东北地区移动互联网接入流量达到 72.5 亿 GB，同比增长了 62.4%；西部地区移动互联网接入流量达到 355 亿 GB，同比增长了 76.7%，增速比东部、中部和东北地区增速分别高 8.9、1.5 和 14.3 个百分点。2019 年

12 月，西部地区当月户均流量达到 9.5GB，比东部、中部和东北地区分别高 1.04GB、1.43GB 和 1.76GB。

三、移动互联网用户上网时长保持增长

随着网络资费的持续下降和互联网应用体验的不断改善，互联网用户对网络的依赖程度进一步加深，用户上网时长逐年递增。据 QuestMobile 数据显示，截至 2019 年 11 月，我国移动互联网月活跃用户达到 11.35 亿人，同比净增 299 万人，同比增长了 0.7%；用户人均单日使用时长达到 6.2 小时，创下新高，同比增长了 11.3%。

四、我国移动应用程序数量整体呈下降态势

截至 2019 年 12 月底，我国市场上监测到的移动应用（App）总量为 367 万款，同比减少了 85 万款，下降了 18.8%。其中，本土第三方应用商店 App 数量为 217 万款，占比为 59.13%，比上年略有下降，苹果商店（中国区）App 数量超过 150 万款，占比为 40.87%。

在市场应用规模中，游戏类保持领先。截至 2019 年 12 月底，移动应用规模排在类别前 4 位（游戏、日常工具、电子商务、生活服务）的 App 数量占比达 57.9%，其中游戏类 App 数量继续领先，达 90.9 万款，占全部 App 总量的 24.7%，同比减少了 47.4 万款；日常工具类、电子商务类和生活服务类 App 数量分别达 51.4 万款、38.8 万款和 31.7 万款，分列移动应用规模第二、三、四位，占全部 App 总量比重分别为 14.0%、10.6% 和 8.6%，社交、教育等 10 类 App 占比为 42.1%。

在市场热点应用中，音乐视频类、社交通信类、游戏类、日常工具类、系统工具类 App 下载量超过千亿次。截至 2019 年 12 月底，我国第三方应用商店在架 App 分发总量达到 9502 亿次。其中，音乐视频类增势最为突出，下载量排第一位，达 1294 亿次；社交通信类下载量排名从第三位上升到第二位，下载量达 1166 亿次；游戏类、日常工具类、系统工具类分别以 1139 亿次、1075 亿次、1063 亿次排名第三、四、五位。在其余各类 App 中，下载总量超过 500 亿次的 App 还有生活服务类（826 亿次）、新闻阅读类（761 亿次）、电子商务类（593 亿次）和金融类（520 亿次）。

第二节　创新进展

一、5G 商用为移动互联网带来新机遇

2019 年，工业和信息化部正式向中国电信、中国移动、中国联通、中国广电发放 5G 商用牌照，标志着 5G 在我国的正式商用。截至 2019 年 12 月底，国内已建成 5G 基站超过 13 万个，5G 手机出货量达 1376.9 万部，5G 商用套餐颇受欢迎，应用体系也在逐步完善。国内 5G 发展进入快车道，为移动互联网发展带来新机遇。5G 的高速度、多连接、低时延技术特征，推动超高清视频、VR/AR 等场景应用快速发展，并进一步推动短视频等视频内容消费的普及。5G 作为统一的连接平台，不仅为消费者带来了更好的移动互联网的体验，也将发挥为各行各业带来无线连接、移动计算的赋能作用，带动从人与人的连接向人与物的连接、物与物的连接演变，促进物理空间、数字空间和网络空间的深度融合。

二、"线上＋线下"成为新领域

线上流量与线下推广融合加速。在新零售领域，对于线下流量的争夺体现得尤为明显。阿里巴巴和腾讯纷纷加速线上与线下场景的融合。阿里巴巴在新零售方面采取双线布局的策略，一方面，通过自有项目如盒马鲜生、银泰商业，探索新零售改造的方法论；另一方面，通过入股等方式，进行零售资源的积累。腾讯系之前以京东为新零售的占据主力，另外从入股"永辉超市"走向前台，在多领域与阿里巴巴形成对垒之势。此外，受到新冠肺炎疫情影响，餐饮外卖、生鲜、医药、家政、维修等本地生活领域的线上与线下融合的速度进一步加快，教育、文旅等场景增长强劲。

三、用户画像提升用户黏性

随着大数据、机器学习等技术的广泛应用，通过对用户进行精准刻画以提供针对性服务，进而改善服务效率，提升用户黏性成为越来越广

泛的用户管理需求。用户画像一般来自消费者大数据，通过对用户消费记录及浏览记录的深度挖掘，建立针对消费者个人或群体的系列标签，从而实现精准化营销和精细化运营。目前用户画像广泛应用于广告、新闻、音乐、短视频等内容推送，并逐渐在客户维护、产品开发等领域发挥作用。

四、短视频加速价值转移

随着 4G/5G 网络的加速推进，短视频成为重要的移动互联网信息传播形态。短视频摇动社交类 App 市场格局，抖音、快手等以"短视频+算法推送+移动社交"属性，在腾讯、微博等分别主导的熟人社交、陌生人社交外开辟了一条新赛道，改变了移动社交的格局，并在舆论传播中扮演越来越重要的角色。同时，短视频变现能力增强，广告变现、电商变现、知识付费、直播，以及网红衍生价值变现成为主要模式。

第三节　发展特点

一、移动互联网市场向三四线城市下沉

移动互联网"下沉"明显，三四线城市用户成为移动线上的消费主力，下沉市场已经成为移动互联网的主要市场。随着一二线城市市场逐渐饱和，移动互联网用户增量减速，人口流量增长红利消退殆尽，三四线城市成为移动互联网的"下半场"。在支付宝新增月活跃用户中，超过 55.4% 的用户来自三四线及以下城市。据 QuestMobile 发布的《2019年流量增长机会盘点》显示，2019 年，月活跃用户同比增量最大的 10款 App 中的 9 款，来自三四线及以下城市的增量均大过一二线城市的增量，移动互联网巨头从一二线城市扩展进入，新的业态也得到了发展机会。

二、生态化付费会员成为争夺焦点

用不同的方式吸引付费会员成为各平台运营的着力点。自带组合优惠和多方面权益的生态化会员权益设计及联合跨界会员设计将得到更

多用户的青睐。如腾讯联合中国联通共同推出了腾讯王卡，据公开资料显示，腾讯王卡的发卡量已经超过了 1 亿张，使用腾讯王卡的用户可以享受腾讯 App 的免流量特权，覆盖社交、音乐、视频、游戏等多种场景。而阿里巴巴推出的 88VIP 会员只需要 88 元就可以享受阿里生态体系内多个 App 产品的会员权益。除了这种整套的集团化的会员模式，我们还看到了跨界联合的会员模式，如爱奇艺与京东打通了双方的会员体系。以上种种会员模式可以认为是各平台在流量红利消失的局面下探索出的新型用户运营之道。企业通过付费会员模式，一方面可以有效提高用户黏性，与原本的单会员模式相比，可以构成由多款产品组成的护城河，大大降低了用户使用其他产品的可能性，提高了品牌忠诚度；另一方面，对于用户而言，多家联合的模式对用户的吸引力更高，用户可以用更少的金额获取更多的会员权益，复购率也有可能提高。

三、人工智能、虚拟现实等新技术开始在移动端规模化商用

人工智能开始进入规模化商用阶段，被主动用于金融、物流、教育、交通制造、电商决策等多个领域。新技术不断推动移动互联网产业升级。BAT 等巨头开始调整组织架构，大力提升 to B（面向企业）业务的战略地位和发展速度，虽然各自的突破方向不同，但投资布局的焦点大多都围绕互联网产业的技术层面。如百度从人工智能技术切入，向各行业输出人工智能能力，推动产业智能化转型；阿里巴巴以电商、金融及云服务为技术基础，对多个行业进行数字化、智能化改进；腾讯构建云、人工智能、安全等底层基础设施，做企业的数字化助手。

四、热点应用集中化程度持续增强

移动互联网应用的马太效应增强，成为移动支付、电商、视频、交通等多领域的普遍趋势。移动支付场景最为突出，微信支付与支付宝"双寡头"竞争格局较为稳固。电商领域的"一超两强"局面形成，阿里巴巴、京东、拼多多均向下沉市场、线下供应和社交领域寻求突破。综合视频领域爱奇艺和腾讯视频双雄争霸，而视频直播领域虎牙、斗鱼、

YY、花椒、映客五大平台在 2019 年占据了用户观看时长的 80.2%，向头部集中趋势明显。在地图导航市场，高德地图、百度地图占据绝对优势，而同城货运的司机和订单也在向头部平台集中，滴滴出行、货拉拉分别在网约车、货运平台领域占据绝对优势。随着头部企业在激烈的品牌竞争中大量针对性地投入，留给其他企业的用户空间持续减少。

第四章

工业互联网

第一节　总体发展情况

一、政策体系不断完善

党中央高度重视工业互联网的发展，在 2019 年工业互联网全球峰会上，习近平总书记专门发贺信，指出要继续推动工业互联网的创新发展。工业和信息化部发布了一系列的文件，针对工业互联网方向，包括网络、标准化、安全等，推动我国的工业互联网的发展。地方层面，全国 31 个省级行政区域发布了专门的工业互联网文件，有些地级市也发布了工业互联网的政策。工业互联网的应用持续丰富，在各大领域加速落地，包括石油、钢铁等一些大型行业，2018 年工业和信息化部组织的 72 个工业互联网试点示范项目覆盖了 15 个行业，工业互联网的应用涉及设计、生产、设备维护、企业经营管理等环节的各个层面。如表 4-1 所列为 2019 年以来工业互联网行业政策汇总。

表 4-1　2019 年以来工业互联网行业政策汇总

发布时间	发 布 单 位	名　　称
2019.01	工业和信息化部	《工业互联网网络建设及推广指南》
2019.03	工业和信息化部、国家标准化管理委员会	《工业互联网综合标准化体系建设指南》
2019.06	工业和信息化部	《工业互联网专项工作组 2019 年工作计划》

续表

发布时间	发布单位	名称
2019.08	工业和信息化部、教育部等 10 个部门	《加强工业互联网安全工作的指导意见》
2019.11	工业和信息化部	《"5G+工业互联网" 512 工程推进方案》
2020.01	工业和信息化部	《关于 2019 年工业互联网试点示范项目名单的公示》

数据来源：赛迪智库整理。

二、新型网络促进工业互联网加速发展

网络层面发展迅速，包括企业外网商用网络。运营商积极作为，面向产业引用 5G、SDN 技术，中国移动、中国联通推出了专门的网络。商用试验网络是基于国家未来网络实验的平台，现在已形成了为工业企业提供试验的环境。

同时，企业内网进入了改造的深水区。有代表性的中石油建成了全国规模最大的 IPv6 工业生产网络，包括边缘计算在汽车、电子等行业的发展，以及互操作测试也发布了相关报告。"5G+工业互联网"是热点，在各个环节都有应用，也形成了"两区三带"的布局，工业企业、运营商也参与了进来，应用的深度不断拓展。

工业互联网为连接提供了基础，连接对象不一样、连接的范围不一样，激发了很多应用，一是以海尔为代表通过连接用户进行大规模定制、物流企业提供精准化的服务、九龙保险公司推动金融产业相关的服务。

三、产业生态构建正在错层次推进

龙头企业竞相布局工业互联网业务，跨行业、跨地区的企业协作和产业集聚不断增强。工业互联网产业联盟的成员数已超过 1200 家，初步形成了以解决方案提供商集聚为特色的北京，以产业链协同为特色的广东，以块状经济推广应用为特色的江苏和浙江，以传统产业转型赋能为特色的山东等一批产业创新发展高地。同时，国际合作走向深入，工业互联网产业联盟与美国、欧洲、日本等国家和地区的产业组织以及国

际电联等国际专门机构在技术研发、标准协调、产业对接等方面进行深度合作，取得丰硕成果。

四、网络平台安全三大体系建设取得全方位突破

制造业企业积极运用新型网络技术开展工厂的内网改造。标识解析五大国际顶级节点已经建成，15 个二级节点上线运营。具备一定行业区域影响力的平台数量超过 50 家，重点平台的平均工业设备连接数近 60 万台，国家级、省级和企业级三级联动的安全保障体系加快构建，已对近百个工业互联网平台、200 余万台联网设备进行了实时监测。

五、融合趋势不断加速

在虚拟空间与现实空间的融合方面，目前 AR（增强现实）技术主要应用于工业品维修和汽车导航，MR（混合现实）技术主要应用于远程骨科手术等。

软件和硬件的融合体现得最典型的就是汽车业，软件已在汽车产业中发挥越来越重要的作用，大众化的汽车有望在不远的将来变成一个软件产品。另外，在大数据汇聚访问接口等技术的支持下，新一代智能数控机床开发者的思路也和机械日益精密融合，产生越来越强大的智能制造效果。

而制造商与客户的融合更加充分地实现了用户的存在感和满足感，赋予产品更多的个性化。如海尔的 COSMOPlat，已经在产品开发设计阶段接纳客户参与设计契合个性化需求的产品，并不断实现用户全流程体验迭代。将来，通过同步的虚拟车间和物理车间，制造商在生产过程中还可以满足客户关切，如通过计算机观察加工过程，让客户了解交货期和加工质量等。

第二节 存在的问题

一、工业互联网平台产业空心化问题亟待解决

国内领先的工业互联网平台基本上都是建立在国外基础产业体系之上的，缺乏工业互联网平台所依赖的智能装备、自动控制、工业协议、高端工业软件等产业链关键技术。其中，95%以上的高端 PLC 和工业网络协议被国外厂商垄断，工业数据采集能力薄弱。国外设备厂商数据不开放、接口不统一，导致设备的采集门槛高、数据兼容性差、采集难度大，因而导致设备上云难，制约了我国工业互联网平台的发展。

二、工业互联网平台生态体系构建较为薄弱

其一，目前我国缺乏产业巨头，尚不具备整合控制系统、通信协议、生产装备、执行系统、管理工具、专业软件、平台建设等各类资源的能力，国内工业互联网平台企业业务仍主要局限于垂直细分领域，工业 PaaS 搭建、开发者社区建设、商业模式创新能力严重不足。其二，工业 App 开发队伍建设和开源社区较为落后。目前一些软件成为支撑工业互联网平台发展的通用开源软件，然而这些开源社区基本上由国外企业主导，我国工业互联网平台的参与度不高，工业互联网平台开发者社区建设仍处于空白，开发者规模和能力与国外工业互联网平台相比差距显著，严重制约了工业 App 的培育。

三、工业互联网行业监管体系亟待完善

工业互联网平台的体系化信息安全设计、防护工具、监测手段缺失，工业互联网平台的建设和运营亟待研究制定工业数据产权确认、交易、保护、治理及跨境流动的相关政策法规，亟待完善工业互联网平台许可准入、新型网间互联设备入网许可等监管政策，急需制定工业互联网平台信息安全防护指南等政策规范和信息安全测试、验证、审查等关键标准，急需制定工业互联网平台领域互联互通互操作、安全可信服务、质量保障评价等方面的通用标准和规范。

第三节　对策建议

一、提升工业互联网平台运营水平

一是加速推进制造业数字化发展进程。加强企业数字化发展顶层设计，做好平台建设、数据共享、业务流程优化、应用发展、系统互联、数据安全等方面统筹规划，为企业数据无缝流动奠定基础；组织实施云工程，鼓励工业互联网平台企业带动中小企业业务系统向云端迁移，促进大中小企业融通发展。二是加快工业互联网平台监测分析服务平台建设。制定一批规范，重点制定工业互联网平台数据接入、运行监测、评估评价等规范；加强监测分析服务平台与重点工业互联网平台的数据对接，为监测分析服务提供平台运行、工业 App、上云设备、上云企业、相关产业运行等方面的基础数据。三是推动重点平台落地。推动工业互联网平台落地，带动重点行业和集聚产业整体提升；鼓励行业龙头企业联合工业互联网平台开发定制化、易部署的工业 App，推动中小企业业务流程的规范化、标准化。

二、加快工业互联网平台生态体系建设

一是培育开源社区。引导有关企业建设设备协议兼容的开源社区，开放各类标准兼容、协议转换的技术，实现工业数据在多源设备、异构系统之间的有序流动，确保设备"联得上"；培育行业共性知识开放的开源社区，引导工业互联网平台企业开放开发工具、知识组件、算法组件，构建开放共享、资源富集、创新活跃的工业 App 开发生态，确保行业机理模型"跟得上"。二是构建工业互联网 App 应用创新生态圈。发挥制造业各行业协会和软件协会作用，鼓励制造企业、软件企业、工业数据分析企业、工业自动化公司、工业信息服务企业、互联网企业等联合成立细分行业工业软件联盟，加强工业软件联合开发和推广应用。三是加快工业 App 开发者人才队伍建设。支持工业互联网平台企业联合联盟、协会等组织举办工业互联网"双创"开发者大赛，打造基于工业互联网平台的"双创"新生态，推动工业 App"上数量"。

三、筑牢工业互联网发展安全屏障

完善工业 App 技术标准体系。制定 App 技术架构、安全防护、业务交互等方面标准，促进程序兼容、互通和安全。健全工业互联网安全管理法律法规体系。强化应用企业主体责任，引导其增加安全投入；加大针对工业互联网安全供给企业的支持力度，促进安全技术成果转化和产品服务创新；加快建成满足设备、网络、平台、控制、数据等安全需求的多层次技术防控体系，全面提升产业安全保障能力。

第五章

电子商务

2019 年，我国电子商务继续稳步发展。随着数字经济的蓬勃发展，电子商务市场规模、从业人员数量、电商物流业务量等实现持续增长，生态模式不断丰富，治理水平加速升级，推动我国经济增长新动能作用愈发突出。

第一节 总体发展情况

一、市场交易规模继续增长

据国家统计局数据显示，2011—2019 年我国电子商务交易额持续增长，2019 年全国电子商务交易额为 34.81 万亿元，同比增长了 13.1%。从交易种类看，商品、服务类电商交易额 33.76 万亿元，增长了 6.6%，增速比上年下降了 7.9 个百分点；合约类电商交易额为 1.05 万亿元，增长了 10.1%，其中大宗商品类 10222.82 亿元，增长了 10.8%；权益类为 37.94 亿元，下降了 16.2%；文化艺术品类为 42.28 亿元，下降了 57.6%。从地区交易额看，东部地区交易额为 22.44 万亿元，占总量的 66.4%，同比增长了 8.4%；中部地区为 5.25 万亿元，占总量的 15.6%，下降了 4.8%；西部地区为 4.93 万亿元，占总量的 14.6%，增长了 13.6%；东北地区为 1.14 万亿元，占总量的 3.4%，增长了 2.9%。

二、电商从业人员不断增加

随着传统零售企业纷纷涉足电子商务、新零售业务，电子商务与实体经济融合发展加速，创造了大量新就业岗位，激发人才新需求，电子商务从业规模日益壮大。据电子商务交易技术国家工程实验室、中央财经大学中国互联网经济研究院测算，2018 年我国电子商务从业人员为 4700 万人，2019 年我国电子商务行业从业人员突破 5000 万人，同比增长了 7%。

三、电商物流业务量持续增长

电商物流行业在电子商务的带动下持续向好，物流业务规模和从业人员数量快速增长，模式日益成熟，行业竞争激烈。据国家邮政局统计数据，2019 年我国快递业务量为 635.23 亿件，同比增长了 25.3%，已连续 6 年稳居世界第一，远超美国、日本等发达国家。据电商大数据库监测数据，2019 年我国电商物流行业营收规模为 7000 亿元，同比增长了 15.92%。间接从业人员规模为 600 万人，同比增长了 18.31%。2019 年物流科技共发生 66 起融资事件，融资总额达 568.66 亿元，融资事件同比下降了 21.43%，金额同比下降了 13.98%。

四、B2B 电子商务保持稳步增长

在经济发展增速放缓的背景下，我国围绕供给侧改革及加快数字经济发展推出了系列相关政策，助推 B2B 电商行业不断成长。经过几年发展，B2B 电商从交易服务平台 2.0 阶段发展到资源整合平台 3.0 阶段，B2B 巨头企业向供应链金融、物流等领域拓展产业链整体服务，深入挖掘供应链价值，交付闭环逐渐形成，客户黏性不断加强，盈利模式趋向多元化，引领行业快速发展。2019 年，在国家和地区密集出台工业互联网政策的助力下，国内主要 B2B 电子商务平台通过提供更多增值服务实现营收增长，B2B 电子商务产业保持稳步增长。2019 年我国电子商务行业 B2B 市场规模占比为 66.74%，零售电商行业市场规模占比为 28.88%，B2B 电子商务依然占据较大市场规模。

五、网络零售占比持续提高

2019 年，我国网络零售总额在社会商品总零售额中占比持续提高。据国家统计局数据显示，2019 年，全国网上零售额达 10.63 万亿元，较

上年规模扩大 1.63 万亿元，同比增长了 16.5%。其中，实物商品网上零售额约 8.52 万亿元，同比增长了 19.5%，增速比社会消费品零售总额高 11.5 个百分点，占社会消费品零售总额的比重为 20.7%，对社会消费品零售总额增长的贡献率达 45.6%。在实物商品销售中，消费品质化趋势加快。2019 年，服装鞋帽针织纺织品、日用品、家用电器及音像器材网络零售额排名位列前三，分别占实物网络零售额的 24.5%、15.3%和 12.4%；中西药品、化妆品、烟酒、家具类商品实现较快增长，同比增速均超过 30%。截至 2019 年年底，我国电子商务已上市的企业共 66 家。其中，零售电商 28 家、生活服务电商 21 家、产业电商 10 家、跨境电商 7 家，零售电商数量最多。

六、移动网购规模不断扩大

随着智能手机等移动设备在网民中的渗透率不断提高，移动网购规模持续高速发展。据中国互联网络信息中心数据显示，截至 2019 年 6 月，我国手机网民规模达 8.54 亿人，网民通过手机接入互联网的比例达 99.1%。随之而来的是移动网购占比持续提升。据商务部数据显示，2019 年我国移动端网络零售交易额占比达到 90.2%，较上年增长 2 个百分点。目前，移动网购市场渗透率已达高位，增速趋于平稳。随着 5G 技术的发展和移动终端产品的持续升级，预计我国移动互联网细分市场仍将保持高速增长态势。

第二节　创新进展

一、电子商务生态不断创新

随着大数据、人工智能、物联网等技术蓬勃发展，电子商务新模式新业态不断涌现，生态模式不断丰富。电子商务使线上与线下零售融合进一步深化。电商平台进一步布局实体零售，推动线下零售的数字化转型从增加销售渠道、前台数字化等向智能管理、定制服务等方向发展。同时，电子商务与快递物流、支付服务等协同性不断增强，推动电子商务生态体系不断优化。社交电商、直播电商等新模式成为网络消费零售增长新动能。据中国互联网协会推算，2019 年社交电商交易额同比增长超过 60%，高于全国网络零售整体增速。直播电商通过"种草"激活用户感性消费，进而提升购买转化和用户体验，"直播带货"已成为 2019 年电商平台和商家的热门模式，强劲拉动消费增长。"双品网购节"等电商促销模式进一步引领消费升级。根据商务大数据监测，"双品网购节"带动同期实物商品网上零售额 2850 亿元，同比增长了 28%，商品好评率为 97%以上。

二、电子商务现代化治理模式加快升级

随着电子商务生态创新不断丰富，电子商务治理模式也随之加速升级。2019 年《电子商务法》正式实施，相关配套制度纷纷出台。有关部门不断创新治理手段，加强联动，加大对制售假冒伪劣商品、刷单炒信等违法行为的打击力度，推动电商企业不断增强依法合规经营的意识，市场环境持续优化。2019 年 12 月，商务部印发《关于加强电子商务统计监测分析工作的指导意见》，提出运用现代信息技术，结合传统统计方法和大数据监测等新方式开展电子商务统计监测，提升电子商务行业运行分析能力，为政策制定和监管治理提供有力支撑。

第三节　发展特点

一、电商企业纷纷发力下沉市场

2019 年，各大电商企业面向下沉市场（三线及以下城市和乡镇农村）挖掘市场潜力，抢占市场份额。阿里巴巴推广"千县万村计划"，建立上千个县级运营中心和 10 万个村级服务站，联合本地物流合作伙伴，提供到村配送、县域间流通、农副产品流通等综合性解决方案，加强县域物流资源的整合和覆盖。京东提出"千县万镇 24 小时达"时效提速计划，布局下沉市场的各个乡镇，并加大仓储物流投入，截至 2019 年年底，京东仓储面积超过 1500 万平方米，覆盖全国 2655 个区县。拼多多建设"新物流"技术平台，力求解决目前分散、低效的农产品运输等物流问题，推进其在下沉市场的生态建设，并推出自有的电子面单系

统。苏宁易购加大物流网络布局，以苏宁小店为中心，依托"前置仓+即时配"模式，推出"1 小时场景生活圈"，打造"1 公里 30 分钟达闪电配送+苏宁全业态 1 小时内触达"的服务产品，截至 2019 年年底，已覆盖 250 多个地级市，2800 多个区县，48000 多个乡镇，乡镇覆盖率达85%，社会网点 2 万多个。

截至 2019 年年底，我国三线及以下城市和乡镇农村活跃用户规模为 3.84 亿人，占电商活跃用户总规模的 57.4%，用户日均使用时长突破1 小时，用户消费呈现升级趋势。2019 年"双十一"的电商平台补贴大战呈现白热化，各大平台加大活动力度，推出社交拼购、大额度补贴、无门槛红包等措施，争抢下沉市场新用户，阿里巴巴、京东、拼多多、苏宁易购新增下沉市场用户分别占新增用户数的 72.3%、62.8%、63%、68.3%。值得一提的是，近几年拼多多得益于下沉市场的显著青睐，行业排名大幅上升。

二、农村电商助力数字乡村建设

近年来，我国大力推动农村互联网建设，出台《关于实施乡村振兴战略的意见》《乡村振兴战略规划（2018—2022 年）》等政策文件。2019年 5 月，中共中央办公厅、国务院办公厅印发《数字乡村发展战略纲要》，强调数字乡村是乡村振兴的战略方向，也是建设"数字中国"的重要内容。农村电商通过网络平台，拓展农村信息服务的种类和领域，成为遍布县、乡、村的三农信息服务站。农村电商的快速发展让越来越多的农民脱贫致富，尤其是迅速兴起的各类"淘宝村""电商村"，显示了农村通过网络实现跨越式发展的巨大潜力。

截至 2019 年 6 月，我国农村网民占比为 26.3%，规模为 2.25 亿人，较 2018 年年底增加了 1.4%。据商务部数据，2019 年全国农村网络零售额达到 1.7 万亿元，高于全国网上零售额同比增速 2.6 个百分点。其中，农村实物商品网络零售额为 1.3 万亿元，占农村网络零售额的 78%，同比增长了 21.2%。2019 年，全国农产品网络零售额达 3975 亿元，同比增长了 27%，高于全国网上零售额增速的 10.5 个百分点。2019 年全国贫困县网络零售额达 1489.9 亿元，占农村网络零售额的 8.7%，同比增速为 18.7%。

三、跨境电商发展持续升温

2019 年，跨境电子商务在行业龙头引领和有关政策支持下继续加速发展。大型电商平台企业开始在海外布局分支机构，力求扩大贸易范围，丰富商品种类，提升电商服务品质。京东建立京东全球售海外平台，海外商家可以通过该平台把产品销往 200 多个国家和地区。京东已经在美国、印尼、拉美、欧洲等国家和地区设立了分公司，还建立了俄语、西语、英语等多个子网站，并在五大洲设立超过 110 个海外物流仓，降低全球购不必要的物流成本。截至 2019 年 6 月，阿里巴巴国际站在全球有超过 2000 万名的活跃买家，有超过 200 万名的支付买家，有 14 万家中国供应商。

有关政府部门简政放权，优化外贸政府服务，为跨境电商营造良好发展环境，推动跨境电子商务自由化、便利化、规范化发展。海关总署推进通关一体化改革，加快"三互"大通关建设，加强电子口岸建设，推进应用国际贸易"单一窗口"，加强口岸信息共享平台建设。外汇管理局推进数据整合共享，制定"两地三中心"建设方案，构建数据统一采集平台，推进数据资源在全局范围内共享。税务局开展"互联网+"税务行动，实现在线受理、申报缴税等业务线上化。据商务部消息，截至 2020 年年初，全国已建设 105 个跨境电商综合试验区，地域范围覆盖了 30 个省市自治区，形成了"陆海内外联动、东西双方互济"的发展格局，综合试验区将继续通过开展先行先试，并适用跨境电商零售出口税收和零售进口监管等政策措施，促进跨境电商发展。

第六章

云计算

2019 年，云计算与数字化、智能化融合交汇更加明显，多元化需求不断上升，多种形态交互混合式发展，云服务的发展逐渐趋于成熟。政府、企业、用户都开始接受云服务的理念，并将方向从"自建"转为"租用"。云计算已经成为中国产业数字化转型、智能化升级的技术底座，过去一年，云计算发生了前所未有的变化。

第一节　总体发展情况

一、全球公有云服务市场规模增速逐渐放缓

2019 年，以 IaaS、PaaS 和 SaaS 为代表的全球公有云市场规模达到 1653 亿美元，增速为 21.27%，较 2018 年增速略有下降。未来几年，云计算市场规模将会持续扩大，增速将会继续放缓，2020 年云计算市场规模达到 2733 亿美元（见图 6-1）。

二、我国云计算市场规模高速增长

2019 年，中国云计算产业规模达到 1290.7 亿元，同比增长了 34.05%，与全球云计算市场相比，我国云计算市场仍然保持较高增速。据预测，2020 年云计算产业规模超过 1600 亿元；到 2021 年，产业规模将破 2000 亿元（见图 6-2）。

全球云计算市场规模及增速

图 6-1　2016—2020 年全球公有云服务市场规模

数据来源：赛迪智库根据公开数据整理

2018-2020年中国云计算产业规模走势预测

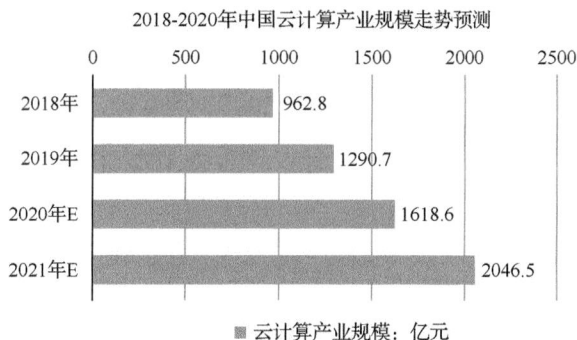

图 6-2　2018—2020 年中国云计算产业规模走势预测

数据来源：赛迪智库根据公开数据整理

第二节　创新进展

一、容器技术迅速发展，谷歌 Kubernetes 容器应用成为主流

　　传统的云计算应用部署方式是通过插件或脚本来安装应用。这样做的缺点是应用的运行、配置、管理、生存周期将与当前操作系统绑定，这样做并不利于应用的升级更新/回滚等操作，当然也可以通过创建虚拟机的方式来实现某些功能，但是虚拟机非常重，并不利于可移植性。新的方式是通过部署容器的方式实现，每个容器之间互相隔离并有自己的文件系统，容器之间进程不会相互影响，能区分计算资源。相对于虚

拟机，容器能快速部署，由于容器与底层设施、机器文件系统是解耦的，所以它能在不同云、不同版本操作系统间进行迁移。

谷歌公司于五年前推出的 Kubernetes 现在被视为容器技术的核心应用。Kubernetes 不仅为云计算障碍带来了突破性的解决方案，而且还创造了一个崭新的市场动态。如今，人们越来越清楚地了解了容器协调器在云计算环境中的重要性，其中跨云平台统一是围绕开发人员的话题。云原生计算基金会（CNCF）负责 Kubernetes 项目的控制。尽管云计算和 Kubernetes 仍在走在一起，但云计算还希望将更新的技术推广到云原生计算基金会（CNCF）路线图的其他项目中。

对于云计算基础设施厂商来说，与 Kubernetes 一起面对竞争驱动的市场至关重要。例如，在 2017 年，微软公司通过收购 Deis 扩展了其 Kubernetes 工具包，而 NetApp 收购了 Stack PointCloud。但是，有许多以容器为中心的新兴公司。因此，有望使云计算供应商采取更加有力的方法。

二、云系统运维成本提升推动自动运维技术发展

受到硬件成本、设施规模、数据安全等多方面因素的影响，云系统的运维十分复杂，运维系统不属于功能性内容，对于用户不可见，往往容易被忽视，但是云系统如果要做大，必然要在运维系统上下功夫，运维能力是数据中心、云计算的根基。目前，私有云、混合云以及多云模式的运维提上日程，而容器技术的广泛应用也给运维增加了新的难度。此外，数字化转型要求企业以更灵活的业务形式面向用户，越来越多的企业利用 DevOps 实现开发运维一体化，这也要求运维需要面向业务目标，并将运维的重心从设备运维转移到应用运维上，自动运维成为发展重点。

目前来看，各大云计算厂商纷纷向自动运维转型，同时，DevOps 技术逐渐成为实现云运维的关键手段，与传统的运维方式相比，自动化运维具有独特的优势。支持混合云的 CMDB，越来越多的服务器都转到了云上，而主流的公有云、私有云平台都拥有比较完备的资源管理的 API，这些 API 也就是构建一个自动化 CMDB 的基础，新一代的自动化运维平台可以基于这些 API 来自动维护和管理相关的服务器，存储、网

络、负载均衡的资源。同时，自动运维能够提供比较完备的"监控+应用性能分析（APM）"能力，可以支持对平台的可用性、服务器的性能、各种服务（Web 服务、应用服务、数据库服务）的性能进行监控。在系统安全方面，云系统技艺遭受各种各样的安全攻击，而聘请专职的安全工程师价格昂贵，自动运维可以借助相关安全工具进行漏洞、供给检测，节省运维成本。

三、业务需求逐渐上升，多云并用成为企业首选

如果 2018 年是多云落地生根的一年，2019 年则是多云战略发展的一年。多云意味云解决方案不仅使用一种云模型，如公共云或私有云，而是根据特定的业务需求使用不同的服务并最终选用不同的云服务供应商。云计算未来的重点是应用程序和用户需求的高速和高性能，目前来看，单一的云服务器、私有云并不能满足这些挑战，每个公司都需要自己的自定义云生态系统。企业使用多云方法，可以很快获得竞争优势并与市场保持同步。

目前来看，多云技术尚不成熟。一是多云的权衡矩阵十分复杂，多个云平台的管理、跟踪、监控和保障十分复杂，会使企业达到临界点，无法控制服务，造成混乱、运维困难以及多云的失败。二是多云的安全问题更加复杂，公有云拥有强大的原生安全系统。但是，如果使用多个公有云，云服务的安全性无法被完全保证。最好的结局方案是为不同的云系统制定相同的安全解决方案，但目前对于多云的安全问题还没有固定的解决方案模式。

第三节　发展特点

一、云计算渗透率进一步提高，云计算市场逐步走向整合

经过 10 多年的发展，云计算技术已经逐渐成熟，企业对于云计算的接受程度也在进一步提高。由于云计算能够给企业 IT 运营、业务创新等带来明显效用，上云已经成为企业常态。2019 年，全社会将把越来越多的预算投放在云计算领域，而这将进一步提升云计算在整体 IT

支出的占比。投行机构高盛指出，随着全社会的数字化转型，云计算渗透率大幅提升，2019 年云计算的市场渗透率达到 11.3%，未来几年，云服务市场将继续以每年至少 20% 的速度增长到 2021 年。2017 年，云服务支出占到了总潜在 IT 支出市场的约 8%。到 2021 年该数字将跃升至 15%。这意味着，云计算将进一步蚕食企业的 IT 支出，逐渐扩大在 IT 市场的影响力。

2018 年，亚马逊、微软、阿里巴巴等巨头厂商占据了核心云计算市场约 56% 的份额。2019 年其市场份额合计达到 84%。这意味着云市场已经开始整合，这一趋势在未来几年只会更加显著。根据权威市场研究机构 Gartner 和 IDC 统计，AWS、Azure、阿里云、谷歌云成为全球公有云市场的主导力量，营收增长速度都远超行业平均增长。在市场份额方面，目前亚马逊 AWS 排名全球第一，微软 Azure 排名全球第二，阿里云排名全球第三，并且这些云厂商都在保持快速增长，按目前云服务市场整合情况来看，未来只有这些行业巨头即亚马逊 AWS、微软 Azure、中国巨头阿里云、谷歌云，才有资源提供差异化的服务，并持续打造竞争所需的数据服务器基础设施。

二、云计算逐步面临技术革新，与 5G、人工智能结合更加明显

人工智能在数据管理和多云环境的不同环节扮演越来越重要的角色，如数据采集以及数据的分析，目前很多企业正在深入研究多云以及相关技术，如无服务器和短暂的工作负载，这些新技术及新的模式会产生巨大的数据量，如果没有可靠及高速的数据采集机制将无法满足新技术的要求。机器学习等人工智能工具的使用能够保证数据采集及数据分析的可靠稳定。

另外，云服务解决了企业数据和技术的统一，并构成了企业获取人工智能能力的最重要路径。目前，公有云平台已经成为客户低成本获取人工智能服务的最重要渠道。在商业领域，经过云服务商自身业务验证的人工智能技术备受企业决策者青睐。

在 5G 时代，云网融合成为新的发展趋势，在运营商专家看来，在连接终端数量有望超过 1000 亿台、数据大爆炸的 5G 时代，采用融合

开放的云化基础架构成为运营商数字化转型的必然选择，5G 网络的云化部署已经成为业界的共识。5G 的出现也为云服务拓宽了发展方向，会对端与云形成改造。例如，5G 的低时延甚至业务的实施交付特性给边缘数据中心的建立、云端计算与终端融合提供了新的解决方案。通过多接入边缘计算，可以更好地满足产业需求。

第七章

大数据

大数据具有海量的数据规模、多样的数据类型、快速的数据流转以及价值密度低四大特征。自"大数据"写入政府工作报告来，利好政策频出，产业环境日趋完善；国家大数据综合试验区引领数字经济创新发展，大数据产业继续保持稳步增长；大数据底层技术框架基本成熟，技术融合应用趋势明显，"大数据+多类型"应用场景日益丰富，大数据产业生态日渐完善；制度与技术创新治理驱动数据安全防护提升。

第一节　总体发展情况

一、产业规模

数据与人们的衣、食、住、行等日常生活密切相关，相关领域的海量数据持续迸发。据 IDC 相关数据统计显示，到 2025 年全球数据量将会从 2018 年的 33ZB 上升至 175ZB，平均数据年复合增长率（CAGR）保持在 23%以上。市场规模方面，在数据储量不断增长的推动下，2019年全球大数据市场规模达 490 亿美元，按照 70 亿美元的年增长速率计算，预计 2025 年全球大数据市场规模将达 900 亿美元。增速方面，未来两年大数据市场将呈现稳步发展的态势，增速保持在 14%左右；随着市场成熟度的不断提高，大数据市场规模的增长将有所放缓（见表 7-1）。

表 7-1 2017—2025 年全球数据量及市场规模预测

年份	2017	2018	2019	2020E	2021E	2022E	2023E	2024E	2025E
数据量（ZB）	26	33	41	51	62	80	102	130	175
增长率	—	26.9%	24.2%	23%	23.0%	29.0%	27.5%	27.5%	34.6%
市场规模（亿美元）	350	420	490	560	640	700	770	840	900
增长率	—	20.0%	16.7%	14.3%	14.3%	9.4%	10.0%	9.1%	7.1%

数据来源：IDC，2020 年 4 月。

在多方利好政策支持以及大数据、移动互联网、物联网等新一代新兴技术融合推动条件下，我国大数据市场将保持稳定增长。据 Statista 统计预测，我国产生的数据量将从 2018 年的 7.6ZB 增至 2025 年的 48.6ZB。2019 年作为大数据产业进入价值凸显和智能化发展阶段的第一年，据相关数据统计，2019 年我国大数据产业规模约 8000 亿元，国内互联网巨头纷纷抓紧布局，推出大数据产品和服务，抢占数据资源，各个领域的大数据应用需求不断加大。未来三年的 CAGR 将超过 30%，2020 年产业规模将超万亿元（见图 7-1）。

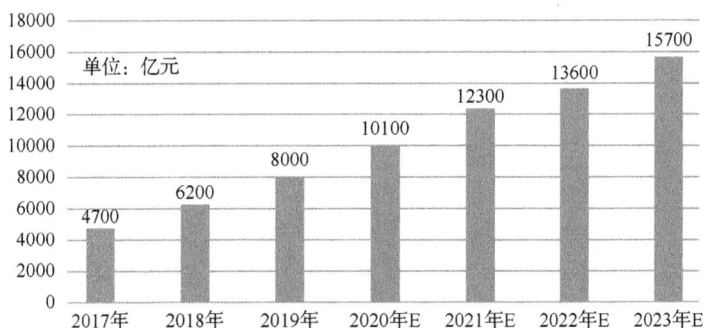

图 7-1 2017—2023 年中国大数据市场规模预测
数据来源：赛迪智库整理，2020 年 4 月

二、产业结构

大数据细分市场方面，2019 年，我国大数据产业市场规模约 8000

亿元，主要分为大数据硬件、大数据软件、大数据服务等。其中，传统硬件部分服务器和存储设备的大数据硬件占比最高，约 45.2%；其次为 IT 服务和商业服务的大数据服务，占比约 32.2%；此外，大数据软件方面占比约 22.6%。未来随着技术的成熟与融合、数据应用和更多场景的落地，软件规模占比将逐渐增加，服务相关收益占比保持平稳的趋势，而硬件规模在整体的占比则逐渐减少。

大数据行业应用方面，2019 年我国"大数据+商业分析"解决方案市场中，银行、保险、证券与投资等金融大数据、政府大数据和电信大数据是收益前三名的行业，合计占比超 50%。基于分析预测功能，大数据分析技术赋能金融行业中的精准营销、反欺诈、风控管理、客户画像等业务。在政府行业中，公共安全、气象、交通等各部委对大数据应用广泛。电信行业中，三大运营商基于海量个人位置数据，实现精准营销、创新产品、客户洞察、ICT 服务、信用评估等应用的方向。

第二节　创新进展

一、"监管+服务"政府大数据

随着数字政府和新型智慧城市建设的持续推进，与社会治理、民生服务、政务应用密切相关的政府大数据应用成为热点。我国政府掌握着 80%的高价值公共数据，海量数据资源的盘活运用，是未来政府大数据发展的关键。我国政府大数据的发展主要包括 2010 年前以"三金工程"为代表的信息化建设期，2016 年前的大数据平台建设和数据整合期，以及 2017 年以来的数据资产管理和应用期。特别是 2019 年 6 月以来，随着 5G 新基建的大规模建设，人工智能、云计算和物联网等新兴信息技术迅速融合发展，赋能政府大数据应用逐步迈向"监管+服务"方向。未来，基于政府大数据，城市大脑、平安城市、社会信用、交通感知与管理、社会舆情管理等应用将逐步落地实施，将切实提升政府服务能力。

二、"生态化"电信大数据

电信行业的信息化和数字化水平走在全行业前列，2010—2015 年，各电信运营商落地实施了一批大数据平台和应用类项目，显著提高了内部大数据技术和应用能力。2016 年以来，运营商内部业务加速集中化，开源节流成为运营商核心聚焦点。电信大数据细分产业正在从运用大数据技术提升企业运营能力，向打造新型以运营商为核心的生态化数字体系转变。转变前期，运营商基于大数据技术实现集团—地方两级大数据架构的融合优化，加速 B-O-M 三域数据融合，应用软件定义网络以及网络功能虚拟化技术实现柔性网络改造。2019 年以来，随着 5G 网络支持能力的进一步提升，运营商通过对外提供领先的网络服务能力，深厚的数据平台架构和数据融合应用能力，高效可靠的云计算基础设施和云服务能力，加速促进数字体系生态化发展。

三、"精准"健康医疗大数据

2016 年 6 月，国务院发布首个健康医疗大数据行业正式文件《关于促进和规范健康医疗大数据应用发展的指导意见》，我国先后启动了位于福建、江苏、山东等七个医疗大数据中心与产业园建设试点工程。截至 2019 年年底，我国多个省级行政区域推出关于"互联网+医疗健康"的大数据应用发展文件，形成央地联动政策利好环境。我国的医疗信息化建设持续推进，年增速保持在 20% 以上，从面向医院管理信息化，到以患者和医疗过程为核心的医院临床管理医疗信息化，再到区域医疗服务信息化，广覆盖的医疗信息化建设项目累积了海量数据，为健康医疗大数据业务的开展奠定了坚实基础。目前，健康医疗大数据逐步迈向"精准"发展模式，为临床决策和药品器械研发提供数据分析支撑，提升健康医疗服务。

四、"场景+产品"工业大数据

工业大数据立足于工业企业的降本增效，当前主流应用场景以电网和离散型制造业为主，设备故障预测与健康管理、综合能耗管理、智能排产、库存管理和供应链协同成为应用热点。然而，工业大数据解决方案的高成本、工业企业的数据意识不强，以及工业互联网盈利模式的模糊，制约了工业大数据应用的快速拓展。工业大数据围绕"场景+产品"

的模式，实现精准需求供应，有助于在短期内取得成效，培育企业的数字化认知，也便于供应商积累行业数据和经验，降低实施成本，推动从项目到标准产品的转变。以福特汽车公司为例，公司利用大数据技术分析用户驾驶、充电等习惯，结合车辆具体位置等信息，实现下一代电动汽车产品的功能优化，对于该案例所采集的数据，电力公司和其他第三方供应商同样可以基于数据分析，推测充电站的合理建设位置，预防电网超负荷运转等。通过以龙头企业和行业特色企业为引领，加速促进"场景+特定产品解决方案"的模式发展，持续推进工业设备数据化和应用产品化，工业大数据有望加速落地。

五、"精细运营"营销大数据

营销大数据是大数据商业化应用效果最好的细分领域，通过应用数字技术沟通了广告主和目标用户，实现产品和服务的精准推广。伴随着移动互联网流量见顶，以及经济下行压力下广告主营销预算的下降，如何利用大数据技术，以更低的成本帮助企业更高效地触达目标用户成为破局关键。目前，营销大数据从"流量营销"走向"精细运营"。在该阶段，更精准的用户触达、更明智的预算分配成为广告主的关注核心，营销大数据用于整合多维多源数据，提供能力支撑。在更精准的用户触达方面，机场航站楼、4S 店等线下场景对数据的需求更为精准，通过整合线下和线上数据，定向推送广告，有助于提升营销效率；此外，基于 Panel 库的人群访谈所得"样本数据"实现因果关系洞察，配合大数据分析挖掘能力，进行精准广告投放，提升营销效率。在智能预算分配方面，当前的中小广告主更青睐全渠道的整合营销平台建设，实现投资回报率平衡，同时广告主高度重视内容和社交媒体的深度运营，通过精细化的运营来实现可持续的商业化变现。

六、"创新服务"金融大数据

金融大数据是隶属于金融科技的关键技术，它服务于金融机构的核心业务环节，解答诸如是否贷款、贷款多少、风险如何等关键问题。2017年以来，随着我国金融监管日趋严格，基于数据规范行业秩序、降低金融风险，成为金融大数据的主流应用场景。未来，随着技术的成熟，金融大数据将逐步由"强管控"走向"创新服务"，通过汇集多源多维的数据，提供创新服务支撑。比如，与社会信用体系建设相融合，提供基于金融数据的个人信用报告、企业财务信用报告、授信评估、贷中预警、中小微企业信用评估等新服务，以及与此间接相关的、高效便捷的清算支付和出行服务。与此同时，积极创新金融反欺诈、供应链金融等新兴金融服务，切实助力实体经济的资金融通，确保资金安全高效使用。

第三节 发展特点

一、利好政策频出，大数据产业环境日趋完善

2019 年，中央及各部委印发多份大数据相关政策文件，进一步落实国家《促进大数据发展行动纲要》，政策从全面、总体规划逐渐向工业大数据、交通大数据等细分领域延伸，营造出产业发展利好政策大环境，促进大数据产业发展逐步从理论研究走向实际应用之路（见表 7-2）。2019 年 11 月，十九届四中全会上首次提出数据可作为生产要素按贡献参与分配，这将对数字经济的发展起到导向作用，指引企业更加重视数据要素，珍惜数据本身的价值。

表 7-2 2019 年我国出台大数据相关政策文件

时　　间	发文单位	发文名称
2019 年 12 月	交通运输部	《推进综合交通运输大数据发展行动纲要（2020—2025 年）》
2019 年 11 月	中共中央、国务院	《关于推进贸易高质量发展的指导意见》
2019 年 10 月	工业和信息化部	《工业大数据发展指导意见（征求意见稿）》
2019 年 8 月	国务院办公厅	《关于促进平台经济规范健康发展的指导意见》
2019 年 7 月	交通运输部	《数字交通发展规划纲要》
2019 年 5 月	中共中央办公厅、国务院办公厅	《数字乡村发展战略纲要》
2019 年 2 月	中国科学研究院	《我国科学院科学数据管理与开放共享办法（试行）》

续表

时　　间	发 文 单 位	发 文 名 称
2019 年 2 月	工业和信息化部、国家机关事务管理局、国家能源局	《关于加强绿色数据中心建设的指导意见》

数据来源：赛迪智库，2020 年 4 月。

二、国家大数据综合试验区引领数字经济创新发展

目前，我国贵州、京津冀、珠江三角洲、上海、河南、重庆、沈阳、内蒙古八大国家大数据综合试验区共同搭建了我国大数据发展实践的"立体骨架"，在国家大数据利好政策带动下，贵州、重庆、河南、沈阳四大试验区发展势头迅猛，位于内蒙古的基础设施类综合试验区在充分发挥其气候、资源、地形优势的基础上，实施资源整合，加大与我国东部、中西部地区的产业合作，实现跨越式发展。紧抓大数据综合试验区发展契机，把握数字技术已作为新一轮技术革命和产业变革的重点方向，以数字转型为培育经济增长新动能提供重要引擎，数字经济成为构建现代化经济体系的重要内容。截至 2019 年，17 个省市自治区建立了大数据局，大数据安全维护机制日益完善。在第六届世界互联网大会上，河北（雄安新区）、浙江、重庆、四川、福建、广东的六大国家数字经济创新发展试验区正式启动建设工作。从各地大数据产业发展情况看，目前以北京、上海、广东、江苏、浙江、贵州六地领跑全国大数据产业发展，重点领域涵盖大数据研发、数据存储与处理、大数据应用服务等方面。

未来以大数据为基础的数字经济将推动激活新要素，探索数据生产要素高效配置机制；培育新动能，着力壮大数字经济生产力，探索产业数字化和数字产业化共性支撑平台，形成数字经济条件下的新型实体经济形态，培育发展新动能；探索新治理，构建数字经济新型生产关系，着力解决传统治理、监管模式无法满足数字经济发展新形势新要求的问题，加快政府数字化转型，探索多元参与的协同治理体系，包容审慎发展平台经济、共享经济新业态；建设新设施，不断强化数字经济发展基础。

三、大数据底层技术框架基本成熟，技术融合应用趋势明显

5G 网络基础设施、大数据中心基础设施的快速建设，为大数据、人工智能、云计算、移动边缘计算等新一代信息技术提供了有力承载。2019 年大数据产业发展呈现出算力融合、云数融合、数智融合等一系列新特点，大数据体系的底层技术框架已基本成熟，大数据技术正逐步成为支撑型的基础设施，赋能金融、电信、政府、工业互联网等行业效率提升，逐步向个性化的上层应用聚焦，技术的融合趋势愈发明显。技术融合层面，大数据与深度学习深入融合，为人工智能的应用提供了更多的动力，TensorFlow、PyTorch 等深度学习框架逐步在行业应用中得以尝试，为降低数据治理复杂度和使用成本提供了发展方向。随着云计算规模的不断增大，2018 年全球三大公共云供应商的业务增长率已接近 50%，2019 年小型企业和初创企业将被主要的公共云供应商提供的服务所吸引，这些公共云供应商正在投入巨资建设随时可运行的大数据平台，提供自动化机器学习、分析数据库和实时流分析服务，实现智能平台等云化解决方案，很大程度上降低了大数据技术的学习与使用门槛。

四、制度与技术创新治理驱动数据安全防护提升

2019 年，随着互联网、大数据、人工智能与实体经济的深度融合，社会治理、民生服务、产业发展等各领域对数据应用的需求进一步增强。由于正常数据共享交换、流通交易渠道尚未建立，业务发展所需数据通过窃取、滥采等模式获取，导致各类信息系统数据被窃取和泄露的事件持续爆发。目前，随着企业数字化转型加速、业务上云，物联网、区块链等新技术的落地，国内对于数据安全相关领域和应用的重视程度不断增加。为进一步保护个人隐私，2019 年 5 月，国家互联网信息办公室发布《数据安全管理办法（征求意见稿）》，这一举措有利于切实保护公民、法人和其他组织在网络空间的合法权益，保障个人信息和重要数据安全，维护国家安全与社会公共利益。

　　大数据安全将逐步从重安全技术转变为制度与技术双重治理模式，其重点落在核心数据资产的梳理和防护，以及围绕大数据治理所开展的体制机制建设。2018 年，十三届全国人大常委会立法规划提出《个人信息保护法》和《数据安全法》，促使我国在数据法律监管规范方面日趋严格。2020 年 1 月，中央政法工作会议强调，要把大数据安全作为贯彻总体国家安全观的基础性工程，依法严厉打击侵犯公民隐私、损坏数据安全、窃取数据秘密等违法犯罪活动。随着公众数据安全意识的提升和技术本身的不断进步完善，数据安全技术将逐渐呈现出规范化、标准化的趋势。目前，数据脱敏、安全多方计算、联邦学习等数据安全技术用于解决敏感数据使用中的安全防护。随着相关技术的不断进步与发展，合法合规地使用敏感数据和个人隐私数据将成为未来大数据产业合规落地的大趋势。

第八章

人工智能

第一节　总体发展情况

一、全球人工智能战略部署加速推进

各国大力推进人工智能领域战略布局，将人工智能上升为国家战略。2019年12月17日，韩国政府发布"人工智能国家战略"，此为韩国政府推出的首个国家层面的人工智能发展战略；10月10日，俄罗斯发布《2030年前国家人工智能发展战略》，将人工智能用于工业和国防等多个领域；3月4日，西班牙政府发布《西班牙人工智能研究、发展与创新战略》，提出与欧洲各国合作推进开发人工智能技术，并在政府内部设置专门机构推动行业发展；3月14日，丹麦政府发布《人工智能国家战略》，推动政府负责任地开发和使用人工智能技术；11月，新加坡政府发布人工智能国家战略，通过五项人工智能计划推动国家基础设施升级；11月5日，塞浦路斯议会议长西卢里斯表示正在制定人工智能国家发展战略，以推动人工智能与各行各业的快速融合。多国从实施层面发布人工智能政策举措。2019年6月22日，美国白宫发布《国家人工智能研究与发展战略计划》，持续加大国家层面对人工智能发展的投资和资源调配；4月24日，法国高等教育、研究与创新部发布公告，在国家人工智能发展战略框架内，正式设立4所人工智能跨学科研究院；德国政府公布了2019年在人工智能研究领域的资金投入计划，用于人工智能研究、成果转化、评估及数据应用等；10月16日，阿联

酋宣布成立穆罕默德·本·扎耶德人工智能大学，此为全球首所专注人工智能领域人才培养和科研应用的大学。

二、我国人工智能产业呈现蓬勃发展态势

我国人工智能政策体系持续完善。2019 年，我国出台了各类规范和促进人工智能行业健康发展的政策举措，为人工智能行业发展创造了良好的政策环境。中央全面深化改革委第七次会议审议通过了《关于促进人工智能和实体经济深度融合的指导意见》，强调了人工智能在国家改革转型中肩负的重要战略作用；国家新一代人工智能治理专业委员会发布《新一代人工智能治理原则——发展负责任的人工智能》，进一步协调人工智能发展与政府治理的关系，推动人工智能向安全可控可靠方向发展；科学技术部发布了《国家新一代人工智能开放创新平台建设工作指引》《国家新一代人工智能创新发展试验区建设工作指引》；各省市自治区纷纷出台了适合本地行业发展的人工智能专项政策。我国人工智能产业规模稳步增长。

据投中研究院《2019 年中国人工智能产业投融资白皮书》数据：2019 年我国人工智能市场规模年均增速达 44.5%，核心人工智能市场规模约 500 亿元。一些具有核心技术壁垒和良好场景应用能力的人工智能企业市场占有率和收入均较好，而一些不具备技术亮点和业务特点的公司市场份额和收入均大幅缩小。根据《新一代人工智能发展规划》，2020 年我国人工智能技术和应用水平将发展至全球先进水平，核心产业规模超 1500 亿元，到 2030 年产业规模超过 1 万亿元。基础层、技术层、应用层三向发力。基础层研发力度持续增强，地平线、寒武纪、奥比中光、禾赛科技等企业不断强化在人工智能芯片、传感器、算法模型等方面的研发力度；技术层企业持续突破技术壁垒，商汤科技、旷视科技、依图科技等企业在人脸检测识别、指纹识别、语音识别等方面逐步打造出具有应用深度的产品和服务；应用层企业产业化、商业化加速，阿里巴巴、百度、海康威视、京东等企业在人工智能医疗、无人驾驶、人工智能安防、人工智能零售等领域快速拓展，从以往的技术输出演变为全生命周期、全产业链的渗透和场景革新优化。

第二节　创新进展

方向一：**端-云芯片"并驾齐驱"**。云端方面，英特尔推出 Nervana NNP-T 和 Nervana NNP-I 芯片，并于 2020 年推出独立 GPU Xe，寒武纪、比特大陆、燧原科技等国内企业纷纷从细分领域逐步切入云端人工智能芯片市场。终端方面，随着人工智能推理任务向边缘端转移，英伟达、谷歌等云端人工智能芯片龙头相继发布面向边缘端的人工智能芯片，英特尔也将在端云一体战略下构建多元化人工智能芯片体系。

方向二：**存算一体等可重构架构将驱动芯片架构创新**。英国人工智能芯片独角兽 Graphcore 发布了全新类型处理器 IPU，能够在相同算力下大幅降低功耗。国内初创企业清微智能采用软硬件可编程、混合粒度的可重构架构（CGRA），解决了传统指令驱动的计算架构取指和译码操作的延时和能耗问题。

方向三：**深度学习开源框架持续演进**。当前主流深度学习开源框架 TensorFlow 和 PyTorch 的性能持续完善，应用热度大幅增长。谷歌在 TensorFlow 1.0 基础上推出了升级版本 2.0 Alpha，能够与 iOS 系统集成，大大增强其移动性和可拓展性，此外，谷歌还推出了可部署在边缘设备上的 TensorFlow Lite 1.0 版本。脸书推出的最新版本 PyTorch V 1.1，提供了大量新的应用程序接口，支持可视化训练过程工具，能够自定义循环神经网络，应用性能大幅提升。据 arXiv.org 平台数据，去年上半年发表的应用 PyTorch 框架的论文同比增长率高达 194%，应用热度实现强劲增长。

方向四：**5G 激发高通量计算发展活力**。5G 技术将计算和存储能力前推至接入网，一方面通过边缘计算实现人工智能在终端侧的应用，打破以往数据处理主要集中在云端的制约，使终端与云端间实现良好衔接和互补，满足人工智能对高通量计算力的需求；另一方面助力提升人工智能技术连接效率，使深度学习、数据挖掘、自动程序设计等在更多应用领域得以实现。

方向五：**量子机器学习搭建量子计算与人工智能融合桥梁**。随着数据规模指数级增长与深度学习模型网络参数持续扩增，冯式体系计算结构框架瓶颈亟待突破。2019 年，谷歌宣称实现"量子霸权"，大大增强了行业对超导路线和大规模量子计算实现的乐观预期。2020 年 3 月，谷歌发布用于快速构建量子机器学习模型的开源库（TFQ），为控制和模拟自然或人工量子系统提供助力。未来量子机器学习有望大幅降低机器学习算法的计算复杂度，实现更高的计算效率。

方向六：认知智能走向产业化。 随着计算力和存储方式持续升级，图像、语音、视频、触点等感知智能快速演进，在计算智能和感知智能发展的基础上，人工智能向具备分析、理解、推理、判断等能力的认知智能延伸，并在反洗钱和安防领域逐步走向应用。在安防领域，中国人民公安大学开发了基于犯罪者微观行为和宏观行为特征提取的犯罪预测、资金穿透、城市犯罪演化模拟等认知模型和系统，助力安全事件预警和风险态势感知。在金融领域，中国银行基于图算法的跨境资金网络可疑交易人工智能模型，已大面积替代反洗钱人工甄别。由此可见，认知智能正逐步围绕不同场景服务于产业。

方向七：算力生产的底层物理逻辑有望颠覆。 当前传统硅基集成电路逼近物理极限，高介电常数介电层、鳍式晶体管等新材料和器件虽延展了传统半导体性能并逐渐成为主流，但并未从源头上改变传统数据处理、存储的底层物理逻辑，难以根本性解决人工智能的算力制约问题。当前碳基材料（碳纳米管、石墨烯）、锗和 III-V 族等硅基替代材料、分子和生物材料（分子、原子级存储器件）、铁电材料等晶体管低能耗介电材料、可导致 3D 堆集的二维纳米材料等物理机制已逐步清晰，将为算力生产物理根基的颠覆性重塑、算力的指数级提升、数据高效处理与存储带来更多新的可能。例如，基于量子效应的强关联材料和拓扑绝缘体，以及磷烯、硼烯、石墨烯等二维超导材料可导致无损耗的电子和自旋运输，具有成为全新高性能计算逻辑、存储器件的基础。

第三节　发展特点

投资进入"务实期"，增速放缓，频次减少。 2019 年，随着资本市场对人工智能技术成熟度和深层场景落地瓶颈等问题的认知日渐深化，全球人工智能投融资更趋冷静。从规模和频次看，相对于 2014 至 2017 年全球人工智能融资的跨越式增长（融资规模和频次的复合增长率分别为 58.2% 和 43.3%），2018、2019 年融资整体增速则相对放缓（融资规模和频次的复合增长率分别为 25.7% 和 14.3%）。2014 年至 2019 年第 3 季度，我国人工智能领域投融资事件共计 2845 起，融资总额为 3583.65 亿元，2019 年投融资事件及融资规模出现"降温"。

行业获投集中度进一步攀升。2019 年全球人工智能平均融资规模为 1189.3 万美元，同比增长了 4.2%，总体呈现走高之势。我国人工智能平均融资规模呈现跨越式增长，2019 年平均融资规模为 2.27 亿元，较 2014 年（0.65 亿元）提升了 1.62 亿元，增长率高达 249.2%，资金流向头部的趋势明显。其中，旷视科技、地平线机器人等企业资金筹集规模达到 1 亿美元以上。

垂直应用类别成为关注焦点。从获投类型看，医疗健康领域、金融和保险领域、零售和快消等垂直应用领域分别以 367 起、198 起、159 起的筹资交易频次，以及 40 亿美元、22 亿美元、15 亿美元的筹资额，超越基础支持层和通用技术层企业成为资本关注焦点。

医疗健康领域热度不减。医疗健康领域投资成为最活跃领域之一。据 CB Insights 报告显示，近十年以来全球人工智能医疗健康领域成为最热门的筹资领域之一，在融资额、交易量、平均每笔交易额方面呈逐年递增趋势。从国内看，据亿欧数据，2012 年至 2019 年 5 月，人工智能医疗健康领域投资持续领跑互联网服务、安防、教育、零售、家居建筑、农业、工业制造、航空航天等应用领域。

并购事件数量创新纪录。据 CB insights 数据，2019 年共发生 231 宗并购事件，为历史最高值。例如，2019 年 2 月，脸书收购视觉搜索领域初创公司 GrokStyle，沃尔玛收购客户行为分析领域初创公司 Aspectiva；3 月，英伟达收购人工智能芯片制造公司 Mellanox Technologies；6 月，苹果收购明星无人车公司 Drive.ai；7 月，我国字节跳动收购人工智能音乐创作公司 Jukedeck，Uber 收购专注于为计算机视觉模型研发训练数据的初创公司 Mighty AI。并购事件增多，也表明人工智能领域行业集中度进一步提升。

独角兽引资合作热度不减。科技巨头以企业战略为导向注资独角

兽，对现有业务进行补充，形成强劲的战略协作合力。例如，2019 年 2 月，日本软银向自动驾驶创业公司 Nuro 投资近 10 亿美元，以扩大与 Kroger 超市合作的实验范围，提升利用自动驾驶车辆 R1 配送货物的服务。阿里巴巴、腾讯等国内互联网巨头也纷纷在安防和基础组件、智慧健康、教育、智慧汽车等领域注资诸多独角兽企业。

第一节　总体发展情况

一、发布《携手构建网络空间命运共同体》概念文件

2015 年，国家主席习近平在第二届世界互联网大会首次提出"构建网络空间命运共同体"理念，深入阐释互联网发展治理"四项原则""五点主张"，得到国际社会广泛关注和普遍认同。2019 年 10 月，世界互联网大会组委会发布了《携手构建网络空间命运共同体行动倡议》，全面阐释"构建网络空间命运共同体"理念的时代背景、基本原则、实践路径和治理架构，倡议国际社会携手合作，共谋发展福祉，共迎安全挑战，把网络空间建设成造福全人类的发展共同体、安全共同体、责任共同体、利益共同体。

二、互联网治理法制体系不断健全

2019 年，在中央网络安全和信息化委员会的积极推动下，互联网治理领域法律法规和部门规章等制度体系不断健全。在法律法规方面，1 月 1 日实施了《中华人民共和国电子商务法》，10 月 26 日第十三届全国人民代表大会常务委员会第十四次会议通过《中华人民共和国密码法》，并于 2020 年 1 月 1 日正式实施。在部门规章方面，就网络短视频内容审核、网络短视频平台、金融信息服务、区块链信息服务、网络安全等级保护、云计算服务安全评估、儿童个人信息网络保护、网络平台道路货物运输经营、教育移动互联网应用程序备案、网络音视频信息服务、App 违法违规收集使用个人信息行为认定、网络信息内容生态治理等出台了相关管理规定、办法、方法、规范、标准；在网络交易监督、网络安全审查、数据安全管理、儿童个人信息网络保护、网络关键设备安全检测、个人信息出境安全、网络安全漏洞管理、互联网信息服务严重失信主体信用信息管理、在线旅游经营服务管理、网络安全威胁信息发布管理等方面出台了相关办法和规定的征求意见稿。

三、开展 App 数据保护专项整治行动

针对 App 强制授权、过度索权、超范围收集个人信息等现象大量存在，违法违规使用个人信息的问题，2019 年 1 月 25 日，中央网信办、工业和信息化部、公安部、市场监管总局四部门召开新闻发布会，联合发布《关于开展 App 违法违规收集使用个人信息专项治理的公告》，四部门决定自 2019 年 1 月至 12 月，在全国范围内组织开展 App 违法违规收集使用个人信息专项治理。此次专项治理将重点开展以下工作：一是组织相关专业机构，对用户数量大、与民众生活密切相关的 App 隐私政策和个人信息收集使用情况进行评估。二是加强对违法违规收集使用个人信息行为的监管和处罚，包括责令有关 App 运营者限期整改，逾期不改的公开曝光，情节严重的依法暂停相关业务、停业整顿、吊销相关业务许可证或者吊销营业执照。三是公安机关开展打击整治网络侵犯公民个人信息违法犯罪专项工作，依法严厉打击涉及个人信息的违法犯罪行为。四是开展自愿性 App 个人信息安全认证，鼓励搜索引擎、应用商店等进行明确标识，并优先推荐通过认证的 App。

四、开展电信和互联网行业提升网络数据安全保护能力专项

针对数据过度采集滥用、非法交易及用户数据泄露等数据安全问题，为了做好新中国成立 70 周年网络数据安全保障工作，全面提升行业网络数据安全保护能力，工业和信息化部启动了为期一年的电信和互联网行业提升网络数据安全保护能力专项行动，通过集中开展数据安全

合规性评估、专项治理和监督检查,督促基础电信企业和重点互联网企业强化网络数据安全全流程管理,及时整改消除重大数据泄露、滥用等安全隐患,圆满完成新中国成立 70 周年等重大活动网络数据安全保障工作。

第二节 存在的问题

一、数据保护和合规利用形势依然十分严峻

目前,我国正处在推动互联网、大数据、人工智能和实体经济深度融合的关键时期,我国个人数据滥采滥用、企业数据交易纠纷频发等问题日益严重,数据保护和合规利用形势十分严峻,主要表现在以下几个方面:一是个人数据被过度或超范围采集、在不知情的情况下被企业转移和流通交易甚至非法交易、被应用于大数据"杀熟"等非正常营销活动或犯罪行为、被过度个人画像等现象日益严重,严重地侵犯了个人隐私权益,危害个人安全;二是企业之间围绕数据权益之争频发,交易双方权利和义务难以得到全面有效规范、数据超双方合同授权约定使用乃至非授权使用、流通交易数据质量得不到保障、平台通过数据"绑架用户"、数据在不同企业平台之间迁移难度大和成本高、企业数据人为泄露和非法窃取等问题日益频发,严重地影响了企业对数据的正常开发和利用。

二、网络平台服务算法亟待加强治理

网络平台算法作为企业服务模式和商业模式的代码化,既是企业的知识产权,又代表着企业核心竞争力,历来因竞争性商业机密一直在黑暗和封闭的空间中野蛮生长,网络平台算法作恶频发,主要表现在以下几个方面:一是不良算法催生了大数据杀熟,部分无良企业利用大数据作恶,给消费者的行为打数据标签,然后利用这些标签和消费者的消费习性牟取不属于他们的利益。二是不良算法加剧了投其所好,网络平台根据用户历史记录,制定投其所好的服务推荐算法,使每个人会看到不同的内容,网络平台这种做法在满足个体兴趣爱好的同时,渐渐使个体

变得知识狭窄,导致受众个体养成不良嗜好或偏好,甚至让人误入歧途。三是不良算法破坏包容性发展,网络平台按照网络行为主体的服务能力、服务质量和信用记录进行等级划分,给服务对象在选择服务时提供更好遴选参考,但对于初创型企业以及老人、小孩等应用网络服务较少的群体,这种推荐算法会限制初创企业发展空间或者剥夺老人、小孩本该享受的优待服务。网络平台算法目前处于监管空白区,其带来的社会危害已经开始显现。

三、中美贸易摩擦增加网信企业出海发展风险

中美贸易摩擦本质是两国高科技发展引发的竞争性摩擦,网信科技领域作为高科技发展中战略竞争重点,将成为两国贸易摩擦的核心焦点。互联网企业作为我国网信科技发展的引领者,受到了美国的关注和遏制,主要表现在以下几个方面:一是随着中美贸易战的深入,网信领域中美间知识产权之争会变得更加激烈,由于我国互联网企业在云计算、社交通信、电子商务等重点领域技术突破和规模应用崛起,并与美国企业展开全面竞争,知识产权成为美国政府阻止我国企业出海发展又一利器。二是随着美国云方案以及网络空间国家战略的出台和实施,中美数据主权之争会变得更加激烈,我国互联网企业在欧美地区发展进程中,在数据存储、数据利用、数据安全等方面都会面临增大的政策法规和政治风险。三是随着我国互联网企业响应国家号召,加大对芯片等技术的投资,互联网企业芯片技术领域海外投资和并购受到美国政府阻扰的现象将会增多。

四、大型互联网企业市场垄断问题日益突显

随着我国"互联网+"战略的推进,互联网行业马太效应日益明显,大型互联网企业利用市场支配地位扭曲市场规则的做法日益增多,主要表现在以下几个方面:一是互联网领域大型并购事件未申报反垄断审查,或在经营者的判定、经营者集中的认定、相关市场界定与市场份额计算、营业额统计等各个环节探寻规避适用《中华人民共和国反垄断法》的情况还十分普遍。二是部分大型互联网企业利用市场支配地位,通过

强迫入驻商户"二选一"来排挤竞争对手的现象还时有发生,且反垄断调查迟迟得不到进展。三是部分领域大型互联网企业为了遏制行业新竞争对手,凭借资金优势采取直接补贴,或者采取歧视性断数据接口等做法还十分普遍。

第三节 对策建议

一、健全治理规则

一是围绕个人信息保护、数据流通市场秩序维护、国家数据安全保障等需求,加快完善数据采集存储、共享交换、流通交易、开发利用等方面相关的管理办理、负面清单、标准规范、操作指南、法律法规等规章制度,确保数据安全、平稳、有序流通。二是面对复杂网络、新技术应用、跨界融合等领域网络安全新形势和新趋势,建立健全安全测评、风险评估、安全审计、日常监测、应急处置等各类安全管理责任制度,确保制度能够适应新场景、新业务的安全保障需求。三是面对互联网、大数据、人工智能和实体经济融合发展大趋势,完善融合业态业务准入制度,加强平台算法、业务模型等审查监管,构建新旧业态公平竞争和科技安全发展的制度保障。四是完善数字时代财政、金融、税收等政策,构建以数据价值衡量为重要参考标准的金融政策体系,加快推进数据资产化,确保数据价值得到认可。

二、完善治理机制

一是构建数据决策治理机制,要充分利用大数据资源推进政府运作模式转变,加快构建"数据说话"的新型政府,做数字时代"心中有数"的智慧政府。二是构建政企协同治理机制,加强政企数据对接融合,压实网络平台治理企业主体责任,促进政企系统互联、数据共享、业务协同,提高政府数据决策、企业网络平台治理、政企协同联动能力。三是构建跨地区、跨层级、跨部门协同联动治理机制,加快推进政务数据资源跨地区、跨层级、跨部门共享和交换,提升政府部门社会治理协同联动能力和民生"一站式"服务能力。

三、创新治理模式

一是构建网络化治理模式，强化治理主体、治理对象间的网络连接，加强监管系统和重点业务系统互联，提高信息交换能力。二是面对大众化参与、社会化协同、全天候运行等为特征的平台经济新业态，构建政府和平台企业协同治理的新型监管机制，推进政府治理平台、平台管理驻户的平台化治理管理模式，提高对网络平台及驻户精准监管治理能力。三是构建在线化治理模式，健全在线监测、动态感知、风险预警、应急处置等机制，增强相应技术支撑，提高即时能力。

四、增强治理手段

一是面对居民、企业等社会主体网络空间服务需求，加快电子证照库建设，推进"互联网+政务服务"，提升政府网络空间协同服务能力，实现让百姓少跑腿、信息多跑路。二是面对网络交易市场、社交网络、网络新闻、互联网金融、网约车等网络空间业务监管需求，发展专业化的网络监管平台，推进数字化、网络化和智能化监管，提升"互联网+"行业监管能力。三是加快发展网络信息采集工具，建立网络空间大数据采集平台，增强对网络空间各领域数据采集能力，提供对网络空间运行的宏观整体把控能力。

五、培育治理人才

一是面对互联网和各行业跨界融合发展业务监管需求，加快培育既懂部门业务，又懂互联网技术、工具、思维应用的复合型"互联网+"行业监管人才。二是面对网络空间复杂的安全保障形势，加快网络空间安全知识宣传，培养懂技术、懂管理、懂业务的网络空间安全保障人才。三是面对数字政府建设需求，加快培育懂政务业务、懂政务改革、懂信息技术的数字政府建设架构人才。

企　业　篇

第十章

谷歌

第一节　总体发展情况

根据谷歌公司（Google Inc.）母公司 Alphabet 发布的 2019 财年的业绩报告显示，2019 年全年实现营业收入 1619 亿美元，增长了 18.3%。全年净利润为 343 亿美元，较上年同期（307 亿美元）增长了 36 亿美元。谷歌公司（以下或简称谷歌）收入增长主要受到 YouTube 和云业务增长等驱动。

一、营收情况

从历年增长情况看，谷歌 2019 财年保持稳定增长，规模首次突破 1500 亿美元，但仍然低于市场预期，因而财报发布后股价出现下跌。通过对谷歌近年以来营业收入情况分析发现，谷歌业务增速较往年有所下滑，为五年以来首次跌落至 20% 以下。净利润自 2018 年以来保持在 300 亿美元之上，占比保持在 20% 以上，说明谷歌的盈利模式仍然具有持续的竞争力。谷歌仍然是全球最具价值的品牌企业之一。2020 年 1 月 16 日，Alphabet 市值突破万亿美元，成为继苹果、亚马逊和微软后第四支"万亿股"（见图 10-1）。值得关注的是，Alphabet 首次披露 YouTube 和谷歌云业绩：2019 年 YouTube 营收达 151.5 亿美元，较上年（111.6 亿美元）增长了 36%，近 2017 年营收规模的两倍；谷歌云业务收入 89.2 亿美元，较 2018 年（58.4 亿美元）增长了 52.7%，已经为 2017 年规模

（40.6 亿美元）的两倍有余。

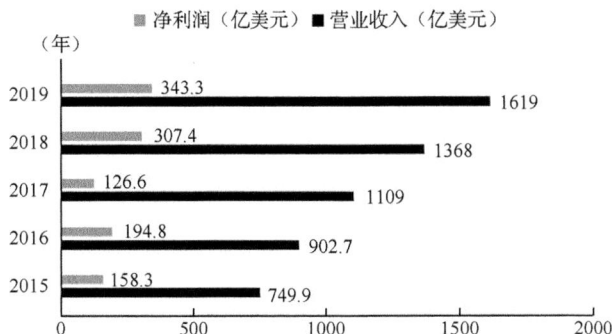

图 10-1　Alphabet 2015—2019 年公司营业收入和利润情况

数据来源：Alphabet 历年公司财报，赛迪智库

二、业务发展情况

从收入结构分布看，数字广告一直是谷歌收入的主要来源，总额达 1348.11 亿美元，占比为 83.87%。在谷歌的广告业务中，来自网站搜索、Youtube、谷歌 Network 成员网站的收入分别为 981.2 亿、151.5 亿、215.5 亿美元，分别占全公司收入比例的 61%、9.5%、13.5%。除了广告业务，云服务收入规模不断扩张，约 90 亿美元，占全部收入比例为 5.6%，但仅为广告业务收入的 1/15；此外，Access and Energy、生物科技公司 Calico、智能家居公司 Nest、生命科学公司 Verily、Google Ventures（风投机构）、Google Capital（投资基金）和 Google X 等业务共同构成了谷歌的其他业务板块，收入比例约 10.6%。由此可见，广告仍然在谷歌业务中一家独大，谷歌也保持着美国数字广告市场头把交椅，市场占有率近 40%，但近年来脸书及亚马逊的数字广告业务比例不断上升，不断侵蚀谷歌的广告收入市占率，为谷歌带来了战略转型的压力。

三、区域分布情况

美国本土是谷歌业务的大本营，该地区营收占比高达 46%；其次为欧洲、中东和非洲等地区，营收占比为 31.5%；而谷歌在亚太地区的表现差强人意，营收占比仅为 17%，主要原因还是谷歌搜索未能在主要市场推广。此外，来自阿里巴巴等企业的云服务竞争更为激烈；来自美洲其他地区的营收占比为 5.62%。

第二节　重点发展战略

智能语音助手成为谷歌智能服务的重要入口。截至 2019 年，谷歌智能语音助手 Google Assistant 已经在全球拥有 5 亿名月活跃用户，并且在全球三十个国家采用九十种语言提供服务。Google Assistant 增加了行程助手（Scheduled actions）、便利贴（Sticky notes）、快速呼叫（Speed Dial）等模块功能，为个体消费者提供了以生活场景和功能为核心的智能服务。Interpreter Mode 将为掌握不同语言的群体提供实时翻译和交流功能，这将为同一工作环境下的来自不同国家、使用不同语种的员工提供高效便捷的翻译服务，美国航空、汇丰银行等大型跨国公司以及美国拉斯维加斯、旧金山、洛杉矶等区域和日本、卡塔尔附近部分酒店将购买这项服务。

大规模投资抢占全球云服务市场。2019 年，谷歌在云计算市场采取了五大举措：一是聘用甲骨文公司（Oracle）前高管托马斯·库里安（Thomas Kurian）担任谷歌云首席执行官，进行了大刀阔斧的战略改革；二是进行了一系列云计算创业公司的并购，拓展技术实力：于 6 月、11 月分别收购企业文件存储启动领域 Elastifile 公司、数据分析提供商 Looker 公司及姐妹公司安全启动提供商 Chronicle 公司，收购 CloudSimple 公司实现了 VMware 工作负载从本地数据中心转移到公有云中；三是借助混合云平台 Anthos，加强本地数据中心和云端服务能力；四是建设数据中心，投资 130 亿美元在美国十几个州建设数据中心，增加就业数万人；五是进一步增强云安全，与安全供应商开展一系列合作，提升数据加密、网络安全、安全分析和用户保护等方面的功能和能力。

继续引领和深耕人工智能前沿技术研发和产业化。谷歌仍然紧盯学术和应用两条主线，同时推动人工智能开源和新技术进步，人工智能论文全年发表数达 754 篇，并在 AutoML、机器学习算法、量子计算、感知技术、机器人、医疗人工智能、人工智能向善等方向加强研发，获得了一系列应用成果。比如，首次实现量子优越性，将机器学习用于理解神经网络中动态训练性质，将人工智能技术用于乳腺癌和皮肤病的临床诊断，推动人工智能伦理研讨，并斥资过亿元推动人工智能在预告洪水、保护动植物、教小朋友识字等社会公益事业方面的应用。

第三节　重点领域发展情况

内嵌人工智能技术提升搜索核心能力。网页搜索、Youtube 仍然是谷歌的主要业务。在增强核心业务能力方面，谷歌将人工智能技术的优势应用于搜索中，通过加入 3D 摄像头和增强现实（AR）功能，谷歌搜索可以实现在现实世界与虚拟世界之间的投射。在新闻搜索方面，谷歌采用机器学习推动 Google News 的功能升级，推出单一事件的时间线和内容的深度展示。谷歌搜索在全球搜索市场中地位进一步巩固，较往年持续攀升，据 StatCounter Global 数据显示，谷歌在全球搜索引擎市场占比高达 93%，其中 PC 端占比达 90%，移动端占比更达 95%。

安卓操作系统持续更新换代。操作系统的更新一直是移动终端领域的重大事件，将影响全球几十亿安卓设备的使用方式和功能界面。谷歌持续推出新的操作系统 Android Q，更加凸显谷歌领先的人工智能功能，实现了五大功能更新，一是增强保护用户隐私，二是新增 live Caption 和 live Relay 等智能服务，三是支持 5G 网络，四是支持原生桌面和投屏办公，五是针对青少年网络游戏限制的专注模式和家长控制功能。

拓展硬件家族强化智能产品体系。谷歌将 2019 年的秋季发布会主题定为"2019 谷歌制造"，体现了近十年以来从软件领域向硬件领域延伸的战略布局，2019 年谷歌继续发布智能手机 Pixel 4 和 Pixel 4 XL、笔记本 Pixelbook Go、无线耳机 Pixel Buds、路由器 Nest Wifi 等产品，不断拓展和完善消费电子产品体系，继续强化谷歌 Pixel 品牌能量，并为谷歌搜索和云服务积累了广泛的用户群体和应用场景。最值得关注的是智能家居领域，自 2015 年收购智能家居巨头 Nest 以来，谷歌持续推出智能音箱产品，于 2019 年发布智能音箱新品 Nest

Mini。作为智能硬件新兴发展方向和智能家庭最可能的硬件入口，智能家居领域成为全球智能硬件竞争的新风口，而谷歌正是其中最有力的竞争者之一。据悉，亚马逊、谷歌和苹果三大巨头正在智能家居领域达成重要的合作协议，制定"IP 互联家庭"标准，实现语音助理兼容，此举将大大推进不同类型的硬件和设备在智能家居环境中的互认和协同。

第十一章

亚马逊

第一节　总体发展情况

亚马逊公司（Amazon，简称亚马逊；NASDAQ：AMZN）是美国最大的网络电子商务企业，总部位于华盛顿州西雅图市。亚马逊成立于1995年，是最早经营电子商务的公司之一，最初主营书籍销售业务，现已成为全球商品品种最多的网上零售商，主营业务也从电子商务拓展到云服务、信息技术服务、人工智能、智能家居等。亚马逊已在全球20多个国家和地区开展业务，并拥有175个运营中心和40多个分拣中心，能将商品配送至185个国家和地区，在航空运输网络中有46架航空货运飞机。截至2019年12月31日，亚马逊市值接近万亿美元，成为全球第三大互联网企业。

亚马逊现有三大业务部门：北美、全球、云服务。2019年亚马逊实现营业收入2805.2亿美元，同比增长了20.5%，净利润为115.9亿美元，同比增长了15.1%。其中，北美业务收入为1707.7亿美元，同比增长了10.8%；全球业务收入为747.2亿美元，同比增长了13.4%；云服务业务收入为350.3亿美元，同比增长了36.5%。截至2019年12月31日，亚马逊总资产达到2252亿美元，同比增长超过38%。

第二节 重点发展战略

一、积极优化服务能力，提升 Prime 会员数量

2019 年，亚马逊继续贯彻以消费者为中心这一理念，从专享购物及娱乐权益悦享品质生活等多方面提升服务能力，不断吸纳全球消费者成为 Prime 会员。一方面，亚马逊在全球范围内继续扩大 Prime 会员业务版图，2019 年在巴西和阿联酋相继推出 Prime 会员服务，在全球范围内已在 19 个国家上线 Prime 会员服务。另 方面，亚马逊取消了 Prime 会员 35 美元当日达服务的最低配送门槛，并扩大了该服务的产品选择和符合条件的区域，同时投资 8 亿美元将 Prime 配送计划从过去的两日送达服务升级为当日达服务。另外，亚马逊继续为 Prime 会员提供优质的商品及优惠活动。亚马逊的种种举动为其赢得了消费者的青睐。亚马逊发布 2019 年全球 Prime 会员报告，宣布 2019 年亚马逊全球新增 Prime 会员数再次创下其历史新高——拥有超过 1 亿名付费 Prime 会员。亚马逊发布的 2019 年财报显示，2019 年包含 Prime 会员订阅服务在内的服务收入达到了 192.1 亿美元，同比增长了 35.6%。

亚马逊在 2019 年全球 Prime 会员报告中披露了更多亮点：全球 Prime 会员凭借专享配送权益省去了相当于数亿趟往返实体商店的时间；全球 Prime 会员享受到比以往更长时间的数字娱乐权益体验，涵盖了视频、音乐、阅读、游戏等；全球 Prime 会员累计递送出数亿份礼物，除亚马逊电子设备以外的热门礼物选品包括米歇尔·奥巴马自传图书《成为》、Instant Pot DUO60 多功能电压力锅、Mega Bloks 儿童积木建筑师套装和儿童读物《摇摆的驴》；2019 年 7 月，亚马逊 Prime 会员日全球购物狂欢期间，全球 Prime 会员累计节省金额超过十亿美元。

二、美国业务核心地位牢不可破，加快发展第三方卖家业务

美国作为亚马逊的大本营，既是亚马逊经营的核心，也是其业务收入的主要来源。2019 年，来自美国的业务收入高达 1936.4 亿美元，同

比增长了 20.9%，占亚马逊 2019 年营业收入的比重达到了 70.0%，较 2018 年提高了 1.2 个百分点，美国在亚马逊业务中的核心地位进一步巩固。尽管亚马逊也在不断拓展其他国家市场，并加大在日本、德国、中国等国家的营销力度，但成效并不明显。2019 年，亚马逊在德国、日本的营业收入分别为 223.2 亿美元、160.0 亿美元，分别较 2018 年增长了 11.8%、15.7%，但均低于亚马逊整体营业收入增速。

亚马逊进一步推动其第三方卖家业务发展，在 2019 年推出了超过 225 种工具和服务，在多个国家积极推动全球开店战略实施。2019 年，亚马逊第三方卖家销售额近 1200 亿美元，约占亚马逊总销售额的 60%。2019 年，销售额超过 10 万美元的卖家达到 28 万人，而这一数据在 2016 年仅为 7 万人；销售额在 100 万美元以上的卖家从 2018 年的 2.5 万人增至 3 万人。其中，中小企业卖家贡献突出，在全球范围内亚马逊平台上近 22.5 万家中小企业的销售额在 2019 年超过了 10 万美元，高于 2018 年的近 20 万家和 2017 年的逾 14 万家。2019 年，亚马逊的第三方卖家服务收入达到了 537.6 亿美元，同比增长了 25.8%，占亚马逊营业收入的比重为 19.2%，较 2017 年提高了 1.3 个百分点。

三、云服务收入快速增长，但云计算市场领先优势逐步缩小

2019 年，亚马逊继续加大云服务方面的投入力度，支持其电子商务业务的数据中心基础设施建设以及亚马逊网络服务云计算平台的投资，积极在全球主要国家部署云基础设施。2019 年，亚马逊包括云计算投资的技术内容支出为 359.3 亿美元，同比增长了 24.6%，占其全年运营支出的比重达到了 13.5%，较 2018 年提高了 0.4 个百分点。亚马逊云服务收入继续保持高速增速态势，2019 年云服务收入为 350.3 亿美元，同比增长了 36.5%，实现营业利润 92.0 亿美元，同比增长了 26.0%，占同期亚马逊营业利润的比重为 63.3%。云服务业务已经成为亚马逊利润增长的主要动力，2019 年其对亚马逊经营利润增长的贡献率高达 89.8%。

尽管亚马逊在全球云计算市场的霸主地位短期内难以撼动，但随着微软、阿里巴巴、谷歌在云计算领域投入持续加大，亚马逊的发展步伐

正在放缓。2019 年，亚马逊云服务业务收入增速较 2018 年收窄了近 10 个百分点，这也导致其在全球云计算市场的领先优势逐步缩小。根据 Gartner 发布的云计算市场追踪数据显示，2019 年全球云计算 IaaS 市场持续快速增长，总体市场规模达 445 亿美元，同比增长了 37.3%。其中，亚马逊市场份额为 45%，较 2018 年下滑了 3 个百分点。

第十二章

苹果

第一节　总体发展情况

苹果公司（以下或简称苹果）是全球知名的高科技企业，核心业务是各类电子科技产品。

2019 财年，苹果公司全年营业收入为 2601.74 亿美元，市场预期为 2590.42 亿美元，同期为 2655.95 亿美元；全年净利润为 552.56 亿美元，市场预期为 542.23 亿美元，同期为 595.31 亿美元；第四季度营业收入为 640 亿美元，市场预期为 629.85 亿美元，同期为 629 亿美元；第四季度净利润为 136.86 亿美元，市场预期为 128.17 亿美元，同期为 141.25 亿美元。iPhone 营业收入方面，苹果公司 2019 财年全年 iPhone 营业收入为 1423.81 亿美元，同期为 1648.88 亿美元。2019 财年第四季度 iPhone 营业收入为 333.62 亿美元，同期为 367.55 亿美元。

2019 年，苹果公司股价在震荡中上涨。自 2018 年苹果公司成为第一家市值突破 1 万亿美元的美股公司之后，股价就开始出现剧烈震荡。在 2019 年首个交易日收盘后，苹果公司首席执行官库克宣布下调 2019 财年第一财季的营业收入指引（即 2018 自然年第四季度）和毛利率预期，更导致公司股价大幅下挫。市场数据显示，苹果公司市值最高时接近 1.1 万亿美元，而 2019 年 1 月 3 日收盘时则缩水至 6747 亿美元。但从全年股价来看，苹果公司股价上涨了 86%，是道指中涨幅最大的成分股。推动股价上涨的原因包括投资者对该公司不断增长的服务业务和可穿戴设备业务的前景感到乐观,以及 iPhone 11 的销售情况好于预期。

第二节　重点发展战略

一是软件及服务成为新引擎。2019 年被苹果公司称为"苹果服务类产品发展史上具有里程碑意义的一年"。苹果公司发布的成绩单显示,Apple TV+ 节目在上线第一年就获得了金球奖和 SAG 提名,Apple News 在美国、英国、澳大利亚和加拿大的月活跃用户数超过了 1 亿人。这也从另一方面表明,随着 App Store、Apple Music、iTunes 等逐渐成为苹果盈利的新生力军,苹果在软件和服务上的业绩表现已超过其在硬件产品方面的表现。苹果公司在 1 月举行的 2019 年春季发布会,是一场没有硬件产品的全软件服务新品发布会。为给全新推出的软件让路,苹果在发布会前一周"低调"上线了全新硬件产品,这也让公众在发布会上能够聚焦于自身的"软件服务"。基于对未来视频服务发展会依附于移动端的判断,苹果的"硬件+内容+支付"系统在这次发布会后更加完善。

二是硬件、软件和服务深度融合。从苹果的全球战略布局上看,软件服务的推出具有深远的意义。加上发布会前的新款硬件产品,发布会后的 iOS12.2 更新,可以说苹果完成了一次"硬件+软件+服务"的全套体系升级,也将为其之后的发展奠定基调。目前来看,苹果仍是这个领域的佼佼者。全新的服务内容巩固了苹果"硬件+软件+服务"的生态方针,三管齐下的政策将为苹果公司在应对未来形势变化上提供有力的保障,也留下了足够的调整空间。

三是高度重视研发投入。在苹果公司首席执行官库克的带领下,研发支出占总收入的比重持续走高。苹果公司 2019 年第三财季(第二自然季度)财报中,研发支出达到了历史新高的 42 亿美元(约合 291 亿元),约占营业收入的 7.9%,乃 2003 年以来的最高值。据估测,苹果在 2019 年的总研发支出达到 160 亿美元(约合 1110 亿元),与华为的 1200 亿元相近。

第三节　重点领域发展情况

常规产品方面，2019 年 3 月，苹果公司发布 iPad mini 5，这是 iPad mini 4 发布四年后的继任者。尽管 iPad mini 5 与 iPad mini 4 具有相同的显示器尺寸和设计，但其内部和规格得以根本性更新，包括 Retina 显示屏、引擎盖内功能更强大的 A12 仿生芯片、更多的存储空间以及升级后的相机；发布了 10.5 英寸的 iPad Air，整体介于 iPad Pro 和常规 iPad 系列之间。2019 年 9 月，苹果召开了 iPhone 11 Pro、iPhone 11 和 Apple Watch Series 5 的发布会：iPhone 11 Pro 提升了显示效果、电池寿命、相机功能和整体性能等。其中，电池续航和相机的改进对苹果手机的发展尤为重要。iPhone 11 也进行了部分功能的升级，且价格更低。Apple Watch Series 5 加入了更优质的显示屏。2019 年 11 月，苹果公司推出 16 英寸 MacBook Pro，该产品具有更大的显示屏、更强大的 GPU 和更多的存储空间，是对几个月前更新的 15 英寸 MacBook Pro 的重大升级；优化了 16 英寸 MacBook Pro 的散热设计，以实现更好的散热效果。与以前的型号相比，这使新的 MacBook Pro 在满负载下性能更好。苹果新款 Mac Pro 在 12 月的第二周开始销售。

智能硬件领域方面，2019 年 3 月，苹果发布了第二代 AirPods，该产品拥有更低的延迟，电池续航延长 50%，搭载 H1 芯片；10 月下旬，苹果发布了具有 ANC 和改进的音质的 AirPods Pro，该产品具有防汗、主动降噪功能、出色的音质和独特的设计。

软件、系统服务方面，在 2019 年 1 月举行的春季发布会上，苹果表示将拓展 Apple Pay 的金融服务，发行虚拟信用卡 Apple Card，该卡的亮点在于其每日现金返还功能，可为客户提供高达 3% 的选定交易现金返还。在数字内容和服务领域，苹果全面推出订阅服务，包括杂志订阅 Apple News+、游戏订阅 Apple Arcade、流媒体视频订阅服务 Apple TV+。2019 年 3 月，苹果正式发布了其流媒体服务 Apple TV +、Apple Card 和 Apple News +订阅服务。在这三项服务中，Apple Card 得益于其易用性和钛合金制成的卡本身的简约设计而备受关注。但令苹果感到有压力的是，包括《纽约时报》《华盛顿邮报》在内的部分美国主流媒

体并没有和 Apple News+合作。而在视频流媒体方面，苹果也已经落后于其竞争对手 Netflix、Amazon Prime 等。全球流媒体巨头 Netflix 发展势头迅猛，并已经明确表示不会加入苹果的视频服务。2019 年 6 月，苹果举行了年度开发者大会，发布了 iOS 13、macOS 10.15 Catalina、watchOS 6、tvOS 13 以及以 iPadOS 13 形式发布的主题公告。

在知识产权领域，苹果与高通达成和解。2019 年 4 月 16 日，苹果和高通分别发表声明宣布，两家公司达成协议，双方撤销全球范围内正在进行的所有针对对方的法律诉讼。声明称，根据和解协议，苹果将向高通支付一笔款项。此外，两家公司还达成了为期 6 年的专利许可协议，自 2019 年 4 月 1 日起生效，包括两年的延期选择权。双方还签订了一份多年芯片供应协议。业界普遍认为，这对双方是一个共赢的结果，高通在基带芯片的专利地位得以巩固，而苹果也可以顺利推进 5G 发展计划。

第十三章

微软

第一节　总体发展情况

　　微软公司（以下简称微软）是全球 PC 机软件开发的先驱，业务遍布全球 190 多个国家和地区，主要产品包括计算设备、服务器、手机和其他智能设备的操作系统，用于分布式计算环境的服务器应用程序、业务解决方案应用、桌面和服务器管理工具、软件开发工具、视频游戏和在线广告等。微软提供基于云的解决方案，在互联网上通过数据中心为客户提供了计算机资源共享的软件和服务。2019 年，微软营业收入实现平稳快速增长，市值成功突破 1 万亿美元，向云服务转型升级取得巨大成功。

　　根据微软发布的 2019 财年财报，2019 财年微软营业收入为 1258.43 亿美元，同比增长了 14%；2019 财年运营利润为 429.59 亿美元，同比增长了 23%；2019 财年净利润为 392.40 亿美元，同比增长了 137%；2019 财年每股摊薄收益为 5.06 美元，同比增长了 138%。2019 年 4 月，微软发布 2019 财年第三财季报告后，市值成功突破 1 万亿美元，成为继苹果和亚马逊之后，全球第三个突破万亿美元市值大关的科技巨头。

　　根据微软发布的截至 2019 年 12 月 31 日的 2020 财年第二财季（即 2019 年第四季度）财报显示，微软在 2019 年第四季度实现营业收入 369.06 亿美元，同比增长了 14%；净利润为 116.49 亿美元，同比增长了 38%。其中，生产力和商业流程总体收入为 118 亿美元，增长了 17%，包括 Office 商业产品和云服务收入增长了 16%，Office 365 商业版增长了 27%，Office 消费者产品和云服务收入增长了 19%，Office 365 消费者订阅用户达到 3720 万人，LinkedIn 收入增长了 24%，Dynamics 产品和云服务增长了 12%；智能云总体收入为 119 亿美元，增长了 27%，包括服务器产品和云服务收入增长了 30%，Azure 收入增长了 62%，Enterprise Mobility 安装量增长了 35%至 1.27 亿个；个性化计算总体收入为 132 亿美元，增长了 2%，包括 Windows OEM 收入增长了 18%，其中 Pro 版收入增长了 26%、Windows 商业产品和云服务收入增长了 25%、Surface 收入增长了 6%。

第二节　重点发展战略

一、推进业务和组织文化转型

近年来，微软已被当成一家落后于时代的公司，被认为错过了移动互联时代的发展，靠着 PC 时期的余温生存。微软曾收购诺基亚，在智能手机领域打造可与苹果、谷歌匹敌的"Windows Phone"，但并没有转型成功。在首席执行官萨提亚·纳德拉的领导下，微软在过去五年里从依赖占主导地位的 Windows 操作系统成功转向销售基于云的服务，云计算已成为微软增长战略中不可或缺的一部分。2019 年全年，微软超过 50%的业绩由云服务创造。为了推进云计算业务发展，微软将组织架构调整为三个部分：智能云、生产力与业务流程、个性化计算。在文化层面，微软鼓励每一个员工都要有成长思维，推动员工不断学习新的技术、新的方式，要尊重创新、不断创新。在机制方面，微软创新人力资源管理模式，评估员工的表现时会看三个"圈"：第一个"圈"是员工的贡献（对团队、业务、客户的贡献），第二个"圈"是如何帮助别人达成他们的业绩，第三个"圈"是怎么向别人学习，别人是怎么帮助自己的。

二、深入实施开源发展战略

2019 年，微软主动拥抱开源，与更多的合作伙伴一起致力于从底层到上层，从硬件到软件再到解决方案的进步，在实现共赢的同时，也在为微软取得开源世界的信任，持续反哺微软自身的竞争优势。例如，微软正式签署了《Oracle 贡献者协议》，加入甲骨文 OpenJDK 项目；开源了其 MSVC 的 C++标准库实现（也就是 STL），该库实现是 MSVC 工具集和 Visual Studio IDE 的一部分；上线了一套 Python 教程《Develop with Python on Windows》，文档内容包括设置 Python 开发环境、在 Windows 与 WSL 子系统中安装相应开发工具，以及集成 VS Code 与 Git 工具并进行开发等；在 Build 2019 大会上宣布开源全新的终端工具 Windows Terminal，该工具包含很多特性，如多 Tab 支持、富文本、多语言支持、可配置、主题和样式，支持 emoji 和基于 GPU 运算的文本渲染等；开源新字体 Cascadia Code，将其与终端应用和 VS、VS Code 等文本编辑器一起使用；在 Windows 中安上了一颗"Linux 内脏"（全新版本的 Windows Subsystem for Linux），改变了 Linux 二进制文件与 Windows 和计算机硬件的交互方式；将其 exFAT 技术添加到 Linux 内核中并把技术规范公开；开源了一项 Bing 搜索背后的关键算法 SPTAG，使 Bing 能够快速将搜索结果返给用户。

三、依托三大主力军驱动业务发展

在微软 2019 年第三财季财报中，Azure、Dynamics 365 和 Office 365 商业服务的收入同比增长分别为 75%、44%和 31%，按照固定汇率计算同比增长分别为 73%、43%和 30%，成为微软营业收入增长的主要贡献者。其中，Azure 是微软云业务最大的驱动力，也是微软智能云的核心。近年来，Azure 推出了认知服务、对话式人工智能、开放平台与工具，在提供云服务的同时，致力于推动人工智能全民化、让用户能打造出属于自己的人工智能应用。Dynamics 365 是植根云端的 SaaS 级别的智能企业应用平台，整合了 CRM（客户关系管理）和 ERP（企业资源计划）的众多功能。目前，Dynamics 365 共有 44 个语言版本服务全球 140 多个市场。Office 365 则是一种订阅式的跨平台办公软件，基于云平台提供多种服务。在向云计算应用的转型中，微软将 Word、Excel 等传统产品用户推向基于云计算技术的 Office 365 套件。近年来，Office 365 也在大量融入人工智能创新，如演讲实时翻译、Excel 一键分析等，

Microsoft Teams 也增加了视频背景模糊、会议录制、云视频互操作等功能。

四、通过人工智能为企业赋能

微软在人工智能方面拥有语音、图像、视频、语言、翻译、机器学习、计算机视觉等技术，并拥有 OpenPAI、Tools for AI、Project Brainwave、ML.NET、ONNX 等各种开发技术和工具。目前，微软正利用已有的人工智能技术，加快与现有业务融合：一是与云的融合，微软在公有云 Azure、混合云 Azure Stack、物联网 Azure IoT Edge 和 Azure Sphere 等多个细分领域不断取得进展；二是与网络资源、开发资源融合，让成千上万的开发者能够有效提升对端的掌控能力，并极大降低应用和边缘应用的开发、测试和部署成本；三是与产业合作伙伴（如高通）的合作，让工业设备可以降低对云端的依赖，并迅速做出业务响应；四是与 Office365、Dynamics365、Linkedin 等产品的融合，让微软在软件、应用领域快速具备了人工智能技术能力。

第十四章

脸书

第一节　总体发展情况

根据脸书（Facebook）公司（以下简称脸书）的财报数据显示，在 2019 年第四季度，脸书营业收入为 210.82 亿美元，相较同期的 169.14 亿美元增长了 25%，超出市场预期的 209 亿美元；第四季度净利润为 73.49 亿美元，比同期的 68.82 亿美元增长了 7%；第四季度每股美国存托凭证摊薄收益为 2.56 美元，比同期的 2.38 美元增长了 8%。按照业务板块来分，脸书广告业务的营业收入为 207.36 亿美元，比同期的 166.40 亿美元增长了 25%；来自其他业务的营业收入为 3.46 亿美元，比同期的 2.74 亿美元增长了 26%。核心用户数据方面，第四季度日活跃用户为 16.6 亿人，市场预估为 16.5 亿人；2019 年第四季度净利润为 73.49 亿美元，市场预期为 72.78 亿美元，同期为 68.8 亿美元。

2019 年，脸书营业收入保持增长，全年营业收入达 706.97 亿美元，高于市场预期的 705 亿美元，高于同期的 558 亿美元。2019 年全年净利润达 184.85 亿美元，低于市场预期的 187.6 亿美元，低于同期的 221 亿美元。2019 财年的总成本和支出为 467.11 亿美元，比 2018 财年的 309.25 亿美元增长了 51%。由于成本支出的大幅提升，脸书 2019 年的营业利润率从 2018 年的 45%暴跌至 34%。2019 年 12 月，脸书、Instagram、WhatsApp 和 Messenger 等服务的每日活跃用户人数的平均值为 22.6 亿人。

2019 年，脸书发起打击深度伪造（Deepfake）的倡议。用深度伪造这种算法伪造的视频可以把某人没说过的话强加到此人身上。脸书成立了一个行业联盟，该联盟将资助可发现这些伪造视频的工具。作为"深度伪造检测挑战"的一部分，它将设计一个基准来评估这些工具，并聘请专人制作数千个视频，以测试第三方深度伪造检测器。

第二节　重点发展战略

一、保护用户隐私并发展加密服务

脸书在 2018 年深陷系列隐私外泄的丑闻，为重新恢复声誉，2019 年脸书向私密通信和群组聊天转型，并推出点对点加密、阅后即消等新功能，保护用户隐私。脸书旗下的所有消息应用和功能（WhatsApp、Facebook Messenger 和 Instagram DM）都将进行端到端加密，并打通后台（还与安卓系统的手机短信打通），便于用户跨平台收发消息。脸书还计划缩短储存消息元数据的时间，增加消息自动删除的设置（如一个月后或一年后）。

打通各社交平台的通信功能后，脸书将更加关注通信的安全性与私密性。脸书及旗下的 Messenger、Instagram 和 WhatsApp 将越来越多地转向私人加密服务。在这种服务中，用户可以确信他们对彼此说的话是安全的，他们的信息和内容不会永远存在。脸书拟出"阅后即消"功能，计划为旗下通信平台（Messenger 及 Instagram）提供点对点加密功能。脸书还可能向用户提供设置选项，使消息在"数秒或数分钟"后消失。

二、发布数字货币 Libra 项目白皮书

2019 年 6 月 18 日，脸书正式对外发布一种新的加密数字货币"天秤币"（Libra）项目的白皮书，成立新公司 Calibra 负责 Libra 的相关服务。同时，脸书宣布将建立一款新的电子钱包，其功能将应用于脸书旗下的社交工具 Messenger 和 WhatsApp。脸书在全球已经拥有超过 26 亿

名活跃用户，Libra 协会由 28 家来自不同领域的巨头组成：支付业
（VISA、万事达卡、PayPal 等）、技术和交易平台（Uber、eBay、Spotify、
脸书旗下钱包项目 Calibra 等）、电信业（沃达丰、法国电信运营商 Iliad）、
区块链业（Coinbase、Xapo、BisonTrails 等）、风险投资业（Thrive Capital、
USV 等）、非营利组织、多边组织和学术机构等。

Libra 的使命是建立一套简单的、无国界的货币和为数十亿人服务
的金融基础设施。Libra 建立在可扩展、安全的区块链基础上，对于每
个新创建的 Libra 加密货币，在 Libra 储备中都有相对应价值的一篮子
银行存款和短期政府债券，以建立人们对其内在价值的信任，维持价值
稳定。28 家组织成立非营利性成员组织 Libra 协会，协调和提供资产储
备的管理框架。

Libra 的愿景是作为一款全球性的数字原生货币，集稳定性、低通
胀、全球普遍接受和可互换性于一体。让更多人享有获得金融服务和
廉价资本。每个人都享有控制自己合法劳动成果的固有权利。开放、
即时和低成本的全球性货币流动将为世界创造巨大的经济机遇和商业
价值。Libra 的功能是让任何人或公司以公平实惠的方式支取自己的资
金。在国外工作的人可以通过这种方式快捷方便地汇款回国，而大学
生可以像买咖啡一样轻松支付房租。Libra 的两大主打应用场景是支付
和跨境汇款。

脸书在发行 Libra 的进程中需要克服很多挑战。Libra 必须得到多国
金融监管部门的支持才能实施。Libra 白皮书提到，携手金融部门（包
括各个行业的监管机构和专家）进行合作和创新，是确保为这一新体系
建立可持续、安全和可信的支撑框架的唯一途径。然而，Libra 项目自
2019 年 6 月推出以来就受到了全球多国政府、央行及立法机构的关注
和质疑。2019 年 7 月初，美国众议院向脸书致公开信称，天秤币可能
会与美国的货币政策和美元抗衡，此外也将给超过 20 亿名脸书用户、
投资者、消费者等相关方带来严重的隐私、交易、国家安全和货币政策
方面的担忧。2019 年 10 月 5 日，PayPal 宣布放弃参与脸书旗下加密货
币 Libra 项目。随后，万事达卡（MasterCard）、VISA 等多家 Libra 重
要创始会员，在正式签署成立该理事会章程之际纷纷选择退出。2019
年 10 月，外媒报道以法国为首的欧盟五国正联手抵制 Libra 进入欧洲

市场，还准备要求脸书放弃该项目。重挫之后，Libra 还是按原定计划走下去。2019 年 10 月 14 日，Libra 成立董事会，试图释放出更积极的信号。

三、增强 Instagram 购物功能

Instagram 购物是脸书总体产品策略的一个新思路，即关注人们如何使用产品，然后构建专用工具来支持它们。社交媒体平台 Instagram 进一步加快了脸书在电商方面的发展，以利用其在全球 10 亿多名用户中的影响力。2018 年 9 月，Instagram 在其 Explore 选项卡中引入了一个专门的购物频道，并将其添加到 Storics 中。2018 年 11 月，Instagram 添加了一个收藏标签，让用户可以在 Stories、帖子和可购物视频中保存产品，还在商家页面上添加了一个商店标签，用来展示来自一个品牌或商家的所有商品。

2019 年 3 月，Instagram 宣布将推出全新的结账功能，名为"Checkout"，让用户可以直接在 Instagram 下订单购物。除了购物按钮之外，在个人档案的订单区域里也可追踪订单的物流信息。以前在 Instagram 看到想购买的物品，只能点击产品标签，链接则会跳转到外部网站，这种情况存在消费者中途放弃购物的风险。现在，Instagram 在程序里直接加入购买按钮"Checkout"，用户再看到心仪的商品只需要点击几下，并添加付款资料和收货地址，就可以在 Instagram 完成下单。结账操作更加简单，人们更容易冲动性购物。

对于 Instagram 而言，新增购物消费功能存在巨大的商机。Instagram 每月约有 1.3 亿名 Instagram 用户点击广告图文中的产品标签。Instagram 从社交网站向电子商务业务扩展，努力将用户变为忠实的客户，社交媒体平台正在成为社交电商，而不仅仅是广告。

四、加强技术研发，创新业务发展

目前，脸书收入的 90%以上来自广告，脸书继续加强人工智能、虚拟现实等技术应用，促进各类业务创新发展，使之减少对广告业务的依赖。新技术布局包括增强现实眼镜、虚拟现实、人工智能、脑机接口等。

2019 年，脸书收购了一家名为 CTRL-Labs 的公司，该公司声称拥有一条可以解码用户脑电波的手镯。同时，脸书准备建立其他类型的业务，如播客、旅游应用、新闻甚至电子邮件。据《纽约时报》的报道，脸书创建了一个单独的公司来构建其中的一些新产品，以便创建这些产品的人能够更自由地进行实验，对新事物的尝试将有助于脸书未来的发展。

五、重塑公司品牌形象

2019 年 11 月 4 日，脸书发布了公司的全新 logo 设计，明确了旗下所有产品的归属权。原本蓝色的经典 logo "——Facebook" 变成了大写的无衬线极限风格的 "FACEBOOK"，使企业与其产品 "Facebook" 区分开来。此外并不规定具体的 logo 颜色——它可以以任意颜色出现，品牌需要它是什么颜色便可以是什么颜色。

脸书旗下拥有不止一款社交媒体和科技产品，脸书通过在所有平台中加入 "from FACEBOOK" 标志强调品牌认知。脸书旗下的社交媒体平台和科技产品都将以新 logo 出现，清楚地表明其是这些流行应用的母公司。Instagram、WhatsApp 包括 VR 产品 Oculus，都会明确标示有 "来自 FACEBOOK" 的字样。以 Instagram 为例，在其登录页面最下角会有 "from FACEBOOK" 的字样，此外 FACEBOOK 的字体颜色也配合 Instagram 的 logo 做成了渐变彩色。WhatsApp 也有类似的提示，而 FACEBOOK 字样的颜色也会随之改变。

第十五章

阿里巴巴

第一节　总体发展情况

　　阿里巴巴网络技术有限公司（以下简称阿里巴巴）经营多项业务，同时与多家公司关联，包括淘宝网、天猫、聚划算、全球速卖通、阿里巴巴国际交易市场、1688、阿里妈妈、阿里云、蚂蚁金服、菜鸟网络等。胡润研究院发布的《2019 胡润全球独角兽活跃投资机构百强榜》中，阿里巴巴排名第 7 位。据阿里巴巴集团 2019 财报显示，全年营业收入为 3768.44 亿元（约合 561.52 亿美元），同比（2018 财年 2502.66 亿元）增长达 50.58%；产品研发开支为 374.35 亿元（约合 55.78 亿美元），同比增长了 64.52%；归属于普通股股东的净利润为 876.00 亿元（约合 130.53 亿美元），同比增长了 36.91%；净利润为 802.34 亿元（约合 119.55 亿美元），同比增长了 30.65%。

　　阿里巴巴的业务更集中于核心商业营业收入，侧重于单一核心业务。据统计，阿里巴巴年度活跃消费者达 6.74 亿人，淘宝网、天猫在内的中国零售平台移动月活跃用户达 7.55 亿人。根据阿里巴巴发布的 FY3Q20（CY4Q19）财报显示，用户群持续突破、活跃度不断提高，直播频道表现突出，移动端月活跃用户数量（MAU）环比增加 3900 万人至 8.24 亿人，年活跃买家（AAC）环比增加 1800 万人至 7.11 亿人；超过 60% 的 AAC 来自低线城市，MAU 增量连续三个季度明显高于 AAC 增量；2019 年 12 月，淘宝直播的观看人数和引导 GMV 均同比翻倍。

核心电商增长稳健，战略扩张业务亏损率得到良好控制。一是天猫实物 GMV 增长了 24%（增速环比下滑 2pp）；交易佣金同比增长了仅 16%，主要由于低佣品类增速更强劲（典型如快消品类，商家达成销售目标后可获得佣金减免）、天猫超市由 3P 运营向 1P 转型；客户管理收入增长了 23%，主要来自 CPC 广告的价量双升。二是核心商业中除天猫外的战略业务商业模式逐步清晰，该部分经调整 EBITA 亏损率控制在 16%，同比大幅改善，环比基本稳定。饿了么和口碑为主的本地生活收入同比增长了 47%，低线级市场推广卓有成效，单季 GMV 增长约 40%；蚂蚁金服两业务板块继续加深引流合作，饿了么 48% 的新用户来自支付宝引流。

第二节　重点发展战略

阿里巴巴的未来发展战略主要面向全球化、内需、大数据和云计算三方面，全面推进"阿里巴巴商业操作系统"建设，促进商品营销、渠道管理、生产制造、商品设计、品牌建设、客户服务、资金需求、物流服务、组织运营、IT 基础设施等全面实现数字化。

一、国际站数字化出海战略

阿里巴巴确定了国际站数字化出海战略，建设阿里巴巴国际站和国际化生态，开展跨境生态业务，发现和创造增量服务价值，与商家一起完成数字化产品连接、数字化营销、交付提效、垂直行业的深耕、品牌全球化以及通过数字化信用和金融，获取"精准流量—实现全球化—快速交易—平台产品升级—繁荣品商—定位产品与服务"模式，同时帮助越来越多的商家建立品牌化概念。在此基础上，阿里巴巴发布数字化外贸服务生态体系，确定 2020 年生态体系的三大策略：数字生态人货场、全球生态拓展、规模生态建设，升级智能客户导购，通过生态服务，助力全球客户提效、人才服务规模部署、工具 SaaS 规模化、服务规模渠道化。

对于互联网企业来说，全球化是新的市场增量。阿里巴巴的基础设施和生态效应正在海外蓬勃生长，据统计，截至 2019 年 6 月，支付宝及 9 个本地钱包服务的全球用户已超 12 亿人，网上支付打通全球 220 多个国家和地区、支持 27 种币种交易；阿里云在海外有 20 个地域节点和 61 个可用区，菜鸟全球智能物流骨干网已具雏形，目前已经连接了 200 多个跨境仓库、300 多条跨境物流专线，通过全链路的协同，把重点国家的物流时效从 70 天提升到 10 天以内。阿里巴巴的全球买、全球卖、全球付、全球运和全球游进展快速，也为商家带来了新的利好机会。

二、强化内需战略

中国改革开放 40 年以来，财富得到积淀，社会、经济、技术等快速发展，将成为全球最大的消费市场。阿里巴巴提出的战略是：全球化、内需、大数据和云计算。其中，内需是"底层"基础，为全球化业务和大数据云计算业务提供消费市场潜力和购买力。全球化业务方面，电商、互联网将有很大机会分享全球化价值链的中上端，分享服务溢价，一方面，中国互联网是有全球竞争力的，在商业应用上，几乎与美国同步在发展；另一方面，线上代表增量，占消费零售市场比例还在持续提升。通过中国消费市场吸引海外商家，构建海外供应链能力，再发力海外电商市场，形成全球化的商流、物流、金融网络一体化布局。大数据和云计算业务方面，阿里巴巴的大数据和云计算业务为 B 端业务，需通过内需扩大业绩增量，为产业和消费的双升级带来机遇。

阿里巴巴服务消费者的业务如今包含了数字商业、本地生活和数字媒体及娱乐，通过淘宝网、天猫、聚划算、天天特卖等平台创造了丰富的实物消费、服务消费和文化消费供给，满足了消费者分层和差异化需求。其中，天猫的用户增长主要来自三四线及以下地区，70% 的新增用户都来自下沉市场，淘宝系在下沉市场的渗透率已经达到 40%；聚划算和天天特卖在原产地和源头商品上发力，为消费者提供更多的工厂直供和农场直供的商品，满足消费者对高性价比商品的需求；天猫国际和源自收购的考拉海购，以"大进口"战略满足中高端消费者的高端购物需求。阿里巴巴还制定了近期目标：在 2024 财年前，服务超过 10 亿名消费者，实现至少 10 万亿元人民币的消费，帮助商家获得超过 10 万亿元的年交易额。

三、用技术创新全面提供云服务

互联网和手机的普及，在世界范围内带来生产率和消费力增速的提升。作为一家平台型科技公司，阿里巴巴非常重视技术基础设施的能力，同时大力推进技术与商业结合、转化为商家可以"即插即用"的服务。阿里巴巴数字经济体从实物电商、本地生活到文化娱乐，已经覆盖了消费者主要的生活和商业场景，而经济体内的金融服务、物流和云计算等则提供了数字化转型的一系列基础设施，构成了阿里巴巴的商业操作系统。这些服务完整覆盖了一个组织或企业，从运营到走向数字化未来所需的全部能力和服务，也同时在阿里巴巴数字经济体内沉淀、孕育和发展，赋予中小企业更强的内生和变革动力。

阿里巴巴的云服务为该领域领先者，目前，阿里巴巴已实现核心系统 100%上云，同时在人工智能、大数据、区块链等技术上取得突破性进展。同时，阿里巴巴布局了芯片领域，2019 年，阿里巴巴发布了全新的"含光 800"人工智能芯片，官方称这是全球最高性能的人工智能推理芯片；"双 11"期间，阿里巴巴在自研数据库产品 OceanBase、PolarDB 以及其他多款数据库产品的共同支持下，保证了"双 11"开始前 15 分钟整个系统没有任何抖动，数亿名用户顺畅购物，每秒处理峰值都远远超越传统 Oracle 数据库；2019 年 10 月，OceanBase 作为中国自研数据库产品，以 6088 万 tpmC 登顶 TPC-C 测试全球榜首，超过诸多传统 IT 服务厂商，夯实了自己在数据库服务上的领先优势。

第十六章

腾讯

第一节　总体发展情况

根据腾讯财报显示，2019 年，腾讯全年总收入达 3772.89 亿元，同比增长了 21%，年度盈利为 975.89 亿元，同比增长了 22%；净利润率为 26%，同比持平。从收入结构上看，腾讯 2019 年收入结构继续变化，增值收入占比继续下滑，金融科技业务占比升至 28%。截至 2019 年第四季度，公司增值服务收入为 523.08 亿元，收入占比降至 49%；网络广告同比增长了 19% 至 202.25 亿元，收入占比达 19%；其他业务收入增至 332.34 亿元，收入占比已达 31%。公司网游收入在第四季度达到 302.86 亿元，收入占比维持在 29%（第三季度：29%）。

社交软件方面，2019 年第四季度微信及 WeChat 的合并月活跃账户数同比增长了 6.1% 至 11.65 亿人，用户使用时长进一步提升，日均消息数同比增长了 15%；QQ 智能终端月活跃账户数为 6.47 亿人。腾讯加强了微信应用内"搜一搜"及小程序直播功能，有助于提升小程序的销售转化率。2019 年，小程序日均交易笔数同比增长超一倍，交易总额超 8000 亿元。未来可吸引海量商家入驻，变现空间巨大。

游戏方面，2019 年第四季度腾讯智能手机游戏（包括计入社交网络业务的部分）同比增长了 36.8%，增速较上季度加快，其中海外游戏收入同比增长超一倍，占网络游戏收入比重增至 23%。2019 年年底，全球日活跃用户数最高的 10 款游戏中有 5 款为腾讯开发，游戏业务对中国市场的依赖度降低，增长空间拓宽。与此同时，保持用户高活跃度的社交产品为手游收入增长提供了坚实用户基础。

短视频方面，腾讯于短视频中加入如视频红包、30 秒挑战赛等创新功能，并通过人工智能等技术提升用户体验，2019 年第四季度微视日活跃用户数环比增长 80%，日均视频上传量环比增长 70%。未来，随着 5G 网络覆盖增强、用户习惯养成，短视频市场有望高速增长。从发展前景上看，腾讯短视频业务仍处于初期发展阶段，但凭借技术、内容、流量等优势，有机会成为未来亮点。

金融科技方面，腾讯 2019 年第四季度金融科技及企业服务收入同比加速增长了 38.5%，收入占比增至 28.3%，成为最主要的收入来源之一。季度内商业支付日均交易笔数超 10 亿，月活跃账户超 8 亿人，月活跃商户超 5000 万户，用户及商户数均具规模，用户习惯培养已见成效。与此同时，公司理财平台理财通资产保有量同比增长超 50%，客户数目同比增长超一倍。此外，2019 年腾讯云服务收入达 170 亿元，付费客户超 100 万人，未来可享规模效应。腾讯会议、企业微信、腾讯健康、腾讯医典等业务表现反映了腾讯强大的技术及流量优势。尤其是 2020 年新冠肺炎疫情刺激了企业微信等应用的用户习惯加速养成，金融及企业服务业务增长空间仍然巨大。

第二节　重点发展战略

一、加大自主创新投入力度

2019 年，腾讯在研发创新领域投入不断加大。截至 2019 年年底，腾讯研发人员占比高达 66%，新增研发项目超过 3500 个，全年 toB 项目数量比 2018 年增长了 77%。在代码数量上，2019 年腾讯新增代码行数高达 12.9 亿，比 2018 年增长了 30%。

2019 年 1 月 4 日，腾讯技术委员会正式成立，由腾讯高级执行副总裁、技术工程事业群总裁卢山和腾讯高级执行副总裁、云与智慧产业事业群总裁汤道生两名腾讯总办成员亲自牵头，下设“开源协同”和“自研上云”两个项目组和对外开源管理办公室，以此促进内部代码的开放共享和协同共建，在内部开源基础上加码对外开源，并推动业务在云上全面整合。通过开源协同，腾讯对各个事业群最底层和共性的技术能力进行梳理和拉通，建立筛选机制，推动优质开源协同项目对外开源，改变了原来"自下而上"纯自发开源的路径，采取"自下而上"与"自上而下"相结合，自发与自觉相结合的开源新模式。在内部开源方面，腾讯内部整体代码开源率由 2019 年年初的 20%增长至年底的 70%，代码协同共建已成为一种趋势。其中，2019 年腾讯内部新增协同代码库超过 4400 个，第四季度较第一季度增长了 56.3%，包含 53 个公司内部重点开源项目（涉及 400 多个代码库）在进行协同。在外部开源方面，截至 2019 年年底，腾讯在 Github 的自主开源项目数为 92 个，贡献者超过 1000 个，获得 Star 数超过 27 万，在 Github 全球公司贡献榜上的排名稳居前十。

二、投资版图不断扩大

截至 2019 年年底，腾讯投资了超过 800 家公司，包括 70 多家上市公司，160+家独角兽公司。根据 Crunchbase 统计，虽然 2019 年的宏观环境对创投市场产生了一定程度的影响，但腾讯投资的领投数量仍然位居全球第二名，累计金额为 495 亿元左右。近年来，腾讯通过投资不断扩大其在移动互联网领域的控制权。如通过投资虎牙、斗鱼等企业整合游戏直播领域，持续加码投资拼多多、京东、唯品会、蘑菇街等企业，加强在电商领域的布局，可以看到腾讯正在从消费互联网模式过渡到产业互联网模式。

三、金融科技及企业服务成为重点

2018 年 9 月，腾讯进行了自成立以来的第三次大规模组织架构调整，成立 CSIG 云与智慧产业事业群，官宣向产业互联网进军。在 2019 年 5 月腾讯发布的一季报中，金融科技及企业服务业务项被史无前例地从"其他"类中独立出来，成为与增值业务、网络广告业务并列的三大主业之一。而这一战略已通过其投资版图的变化得以体现。据统计，2019 年腾讯累计投资 62 笔，其中在企业服务领域的投资共 21 起，涉及数据信息服务、IT 基础设施、企业安全、营销推广等多个领域。这其中既有偏底层的技术企业，也有纯 SaaS 企业。在金融领域，金融领域投资数量 13 起，总投资数量占比约 12.5%，主要集中在移动银行、保险、健康众筹 3 个领域。

四、开发云游戏，打造先发优势

2019 年 3 月，腾讯旗下云游戏平台"腾讯即玩"亮相游戏开发者大会（GDC），腾讯也成为国内较早入局云游戏的游戏大厂。12 月 10 日，"腾讯即玩"公众号正式上线，并推出免费试玩专区，玩家可直接在公众号界面中进行游戏试玩。截至 12 月 19 日共上线 5 款游戏，均为腾讯自研或发行的手游。游戏发行渠道的创新是"腾讯即玩"的最大亮点。当前，云游戏平台主要体现为网页、PC 客户端、移动 App 三种形式，而"腾讯即玩"以公众号为核心，拓展至腾讯视频、应用商店、浏览器等渠道。通过在 App 内、视频及广告中加入云游戏平台接口，大幅拓展了云游戏平台的渠道。未来，腾讯有望借助其丰富体系，形成较有竞争优势的云游戏模式。

五、加码协同办公领域

2019 年 12 月 25 日，腾讯云发布云视频会议产品"腾讯会议"。腾讯会议可以直接通过手机、计算机、小程序、企业微信等入口打开使用。同时，多终端设备可同步议程记录，会议中一键开启录制，视频自动加密储存到专用云空间，可以随时回顾会议记录。此外，在保证商务内容的安全性和私密性上，腾讯会议使用 Web 应用防火墙抵御 OWASP 定义十大 Web 安全威胁攻击，同时在业务数据、管理机制、网络设备、接入策略方面进行多重安全防护。根据腾讯会议产品官网信息，腾讯会议的行业合作伙伴包括宝利通、亿联等传统视频会议厂商，以及销售易、WPS 等企业服务厂商。腾讯会议是继企业微信 3.0 后再次推出的会议系列产品，进一步完善了在协同办公上的服务内容，结合腾讯在 SaaS 市场的生态布局，以及与传统视频会议厂商的合作，将增强腾讯在企业互联网端的平台建设以及协同办公产品的服务能力。

第十七章

百度

第一节　总体发展情况

百度移动生态于 2019 年得到了空前的发展。通过强化百家号、智能小程序、托管页三大生态支柱，百度 App 为用户提供了统一账号登录及原生 App 般的体验，让用户能够更便捷、更通畅地获取独立 App 及 HTML5 网站上的信息与服务。百度智能新业务在 2019 年也取得了长足的进步，凭借先进的人工智能技术，在智能设备、智能交通和企业云解决方案上建立了领先的地位。

据百度财报显示，2019 年营业收入为 1074 亿元，约合 154 亿美元。其中，第一季度调整后每 ADS 盈利 2.77 元，营业收入同比增长了 15%，至 241 亿元；调整后运营利润为 4.01 亿元；网络营销收入同比了增长 3%，至 177 亿元人民币；流量获取成本（TAC）同比增长了 41%，至 32 亿元；宽带成本同比增长了 39%，至 20 亿元。 2019 年 3 月，百度 App 日活用户数同比增长了 28%，好看视频日活用户数同比增长了 768%。百度第二季度总营业收入为 263 亿元，约合 38.4 亿美元，与同期相比增长了 1%，与上一季度相比增长了 9%。归属于百度的净利润为 24 亿元，约合 3.51 亿美元，与同期相比下降了 62%，不按照美国通用会计准则，归属于百度的净利润为 36 亿元，约合 5.29 亿美元。第三季度归属于普通股东净利润为 -63.73 亿元，同比下降了 151.41%，营业收入为 280.80 亿元，同比下降了 0.44%。第四季度，百度实现营业收入

289 亿元，归属百度的净利润达到 92 亿元（非美国通用会计准则），同比增长了 95%。

第二节　重点发展战略

一、坚持使命引领，构建全网中强大的移动生态

2019 年，百度的移动生态以百家号、智能小程序、托管页为三大支柱，形成了更全面、多元化的生态布局。第四季度，百家号原创作者人数达到 260 万人，同比增长了 38%，智能小程序影响力持续放大，承接了 30% 的搜索流量，托管页的营业收入已经占到百度核心在线营销服务收入的四分之一。百度的移动生态从知识和信息扩展到服务与交易，让用户、客户，以及内容与服务提供商都能在百度的移动生态里找到属于自己的价值节点。在移动业务上，百度将继续强化、放大已经形成的"一超多强"的产品矩阵优势，在搜索、信息流双引擎驱动的基础上进一步升级为生态思维，通过社区化运营、垂直类内容深耕、新交互形式提升用户时长和黏性。在活跃用户量和有效时长增长的基础上，实现收入结构的多元化和商业模式的健康良性升级。

二、坚持技术创新，推动人工智能业务技术突破

2019 年，百度致力于通过人工智能持续改善用户的搜索体验。截至 2018 年年底，百度的搜索结果首条满足率已达到 58%。百度 App 日活跃用户为 1.95 亿人，同比增长了 21%，App 内搜索量同比增长近 30%，成为移动生态持续扩展的稳固基石。百度作为信息与知识平台的独特价值，正随着用户参与度和信任度的提升而被重新认知、重新定义。百度大脑全面升级到 5.0，成为软硬件一体的人工智能大生产平台。小度智能音箱全年销量排名中国第一，小度智能屏在带屏音箱中全年销量排名世界第一。2019 年 12 月，小度助手的语音交互达到 50 亿次，是 2018 年同期的 3 倍以上；小度品牌第一方硬件语音交互次数达 23 亿次，是 2018 年同期的 7 倍以上。百度智能云的技术实力在中国市场处于领先地位，AI Cloud 居于行业首位。2019 年，百度以 5712 件人工智能专利

申请量位列中国第一名。百度自主研发的昆仑和鸿鹄芯片，已经在自有业务中开始部署，对于视觉、语音、自然语言处理等领域的应用优化初见成果。在中科院、《哈佛商业评论》等多个国内外机构的评选中，百度成为唯一进入全球人工智能四强的中国公司。

三、坚持内功修炼，打造自动驾驶开放平台

2019 年，Apollo 车队总测试里程累计超过 300 万千米，覆盖北京、武汉、长春等 23 个城市，百度在中国共获得 204 张自动驾驶路测牌照，是排名第二位的公司的 5 倍，并获得首批 40 张自动驾驶车辆道路载人测试牌照。Apollo 作为全球最大的自动驾驶开放平台和生态，商业化进一步提速。中国一汽已于 2019 年 6 月量产下线了搭载 Apollo 的自动驾驶出租车，百度在湖南长沙的中国首批自动驾驶出租车计划稳步推进；9 月，百度与河北省沧州市达成战略合作，开发基于百度 V2X 解决方案的智能交通，用于提升城市路况和交通安全；11 月，百度推出国内第二个无人驾驶出租车试运营项目，运营车队初期由 30 辆 Apollo 无人驾驶车辆组成，并与宁夏银川市达成战略合作，为该城市提供百度 V2X 解决方案，支持城市智能货运；12 月，在 Apollo 生态大会上，Apollo 5.5 版本发布，支持点对点城市自动驾驶，同时发布了车路协同、智能车联两大开源平台。Apollo 目前有 177 家生态合作伙伴，超过 3.6 万名全球开发者。

作为全球最大的自动驾驶平台，Apollo 在北京开展的路测在测试规模、技术水平、场景覆盖、产品能力和安全水平上均大幅领先于行业平均水平。2020 年 3 月 2 日，北京对外发布《北京市自动驾驶车辆道路测试报告（2019 年）》，对 2019 年 13 家企业在京开展自动驾驶路测的情况进行了披露，并总结了北京基于中国特色国情发展自动驾驶而推行的多项创新，包括路测政策、路测标准、路测环境、路测服务等，阐述了过去一年北京推进自动驾驶产业快速发展的重要成果。这是目前中国官方唯一的自动驾驶路测报告，其中 Apollo 以 52 辆测试车以及 75.4 万千米新增测试里程成为年度所有测试企业中投入测试车数量最多、测试里程最长的企业。

四、坚持需求驱动，积极探索业务多元化

2019 年，百度专注于强化移动生态和人工智能商业化，运营效率、营业收入增长率和运营利润率都在不断提高。疫情之后经济重回增长是一个长期课题，而大量新的机会也在孕育之中。线上娱乐、教育、广告等相关领域的业务，会迎来更大的发展，智慧服务、健康安全、公共管理等应用场景也会成为百度施展身手的新战场。百度于 2020 年致力于做出好产品，抓好业务多元化、收入多元化，把百度经营好、发展好。作为平台型公司，百度持续帮助合作伙伴深蹲蓄力、稳定起跳，共同为中国经济强劲反弹注入新的能量和活力，这也是百度近期升级"共度计划"——提供总价值 20 亿元的专项推广基金的初衷。

第十八章

京东

第一节　总体发展情况

净利润创历史新高。据京东集团（以下简称京东）公布的 2019 年全年财报显示，全年净收入为 5769 亿元（约 829 亿美元），同比增长了 24.9%。其中，全年净服务收入为 662 亿元（约 95 亿美元），同比增长了 44.1%。归属于普通股股东的净利润为 122 亿元（约 18 亿美元）。非美国通用会计准则下归属于普通股股东的净利润增长了 211% 至 107 亿元（约 15 亿美元）。2019 年，京东的自由现金流增长至 195 亿元（约 28 亿美元）。

零售业务呈现有质量的加速增长。2019 年，京东零售的战略目标是追求有质量的增长，全年零售营业收入为 5522 亿元（约 793 亿美元），经营利润率达到 2.5%，较同期的 1.6% 实现提升，履约费用率降至 6.4%，同比下降了 0.5 个百分点。3C、通信、家电、数码、日用百货等品类继续牢牢保持着领先的市场地位，生活家居、新通路、生鲜、大客户等业务持续高速增长，时尚生活、美妆、海囤全球及印尼、泰国业务不断取得创新突破。2019 年，京东超市推出"物竞天择"系统，将京东物流与京东系或合作伙伴的线下网点打通，进一步提升物流时效，降低物流成本，实现最快 30 分钟送达。2019 年"双 11"期间，京东电器超级体验店于重庆开业，规模达到 5 万平方米，成为国内最大的电器体验店，开业 1 小时，销售额即突破 1000 万元。

持续加大技术研发投入。京东持续向技术发展模式转型，积极围绕科技前沿领域进行研发投入。京东于 2019 年前三个季度的研发投入累计超过 130 亿元，研发体系员工数突破 1.8 万人，全年研发投入的增速是收入增速的近两倍。京东大力引入全球顶尖科学家，不断夯实核心技术研发和应用创新能力，在智能供应链、云、智能物流、IoT 等领域实现软硬件技术的深度融合，形成独特的软硬件一体的互联网技术体系。京东入选了科学技术部国家人工智能开放创新平台名单，领衔国家新一代智能供应链人工智能开放创新平台建设。2019 年，京东拥有研发人员超过 1.8 万人，硕士及以上学历人才引入占比超过 80%。2019 年专利申请量达 3651 件，全面进入国内互联网企业第一阵营。

第二节　重点发展战略

一、升级商业模式：确立"以零售为基础的技术与服务企业"战略，实行"小集团，大业务"的组织变革

2019 年，京东确立了"以零售为基础的技术与服务企业"的战略，实行"小集团、大业务"的组织变革，凭借 Big Boss 机制的灵活性将经营权和决策权进行前置，激发每一个业务单元活力，提升运营效率和客户体验。2019 年前三个季度，京东净利润近 100 亿元，为未来发展奠定坚实基础。2019 年，京东不断推动零售场景拓展。加大力度扶持 7FRESH，将更多的时间花在连锁零售模式的搭建上，在跑通两家门店的经营模式后，未来将开启扩张计划。截至 2019 年年底，京东第三方平台的签约商家数量逾 27 万户，正式推出全域社交电商平台京喜，并接入微信一级入口。

二、优化升级供应链体系：打造全供应链服务，提出"供应链产业平台（OPDS）"

随着消费升级和技术迭代，我国制造业供应链走在实时、柔性、敏捷的变革过程中。2019 年 10 月，京东物流从打造包括了产地供应链和销地供应链的全供应链服务体系和技术服务体系的角度出发，提出"供

应链产业平台（OPDS）"。该平台以"双 24 小时"和"双 48 小时"实现产销全链打通和国内国际双通，其布局是对京东物流开放、国际化和市场下沉三大核心战略的践行。经过多年布局、基础设施建设、服务产品（仓、运、配、快递、冷链、大小件等）不断成熟完善，2019 年京东的整个产品线均取得了更大的规模和持续性高速增长。渠道下沉是京东物流在 2019 年最显著的动作，实现了以更快的速度把货物送到四五六线城市消费者手里，推动在全国范围内实现 24 小时送达的常态化。京东 2019 年第三季度财报显示，以开放物流业务为代表的物流及其他服务收入增长了 92%，超过净收入增速和服务收入增速，尤其是在当年"618""双 11"大促期间，非京东平台物流服务收入分别同比实现 120%、150% 的增长。截至 2019 年年底，京东服务企业客户数量超过 20 万家，外单收入占比超过 40%。

三、金融品牌强化：从金融公司升级为科技公司

2019 年，京东金融继续巩固品牌地位。2019 年是京东数科完成品牌战略升级后的第一年，公司在其布局的金融科技、智能城市、数字农牧、数字营销、智能机器人等各个业务体系实现了收入和利润的提速增长。世界银行主持撰写的《2019 世界发展报告》中，首次引用京东金融创新业务，其中提及京东金融将大数据、人工智能等先进技术应用于风控、农村金融的相关前沿案例。在开拓外部场景方面，企业生态业务已经落地多家合作方 App，为这些消费场景上线金融数字化解决方案。在金融科技方面，其推出的解决方案已服务超过 200 多家金融机构。在智能城市领域，京东数科布局数十个城市，并且将智能城市操作系统落地雄安新区，成为新区块数据平台的建设者。在数字营销领域，京东数科建设的以 5G、IoT 为基础能力的物联网平台构成了线下程序化广告交易平台。在数字农牧方面，京东数科进军养牛、水产等新行业。在品牌感知方面，2019 年"双 11"，京东金融 App 首次将购物单单返现的利益点符号化，提出"京贴"（后改为"金贴"）这一营销工具，用不一样的方式和概念与用户沟通，建立更加立体的品牌感知。在全球化方面，2019 年京东数科合资成立的泰国金融科技子公司正式上线电子钱包业务，为泰国消费市场提供更安全便捷的金融服务。

第十九章

字节跳动

第一节　总体发展情况

北京字节跳动科技有限公司（以下简称字节跳动）成立于 2012 年 3 月，截至 2020 年 3 月，字节跳动的产品与服务已覆盖全球 150 个国家和地区、75 个语种，在 40 多个国家和地区位居应用商店总榜前列。在已有腾讯、阿里巴巴等互联网巨头的情况下，字节系在夹缝中努力寻找自主可控的流量入口，选择从综合资讯、短视频切入。我国短视频用户的总时长从 2019 年 1 月的 27.39% 增长至 2020 年 1 月的 33.74%，字节跳动旗下的抖音短视频在 2020 年 1 月的活跃度达 5.68 亿人，同比增加了 35.98%，字节跳动短视频产品在前 5 名产品中占 3 个席位。

字节跳动在用户增长和商业变现上的表现极为出色。抖音和今日头条官方披露的 DAU 已经分别超过 4 亿和 1.2 亿。字节跳动系产品的用户时长全网占比亦从 2017 年中的 3.9% 增长到 2019 年 9 月的 12.5%，超越了阿里系和百度系。商业化方面，字节跳动 2019 年预估收入超 1200 亿元，在国内网络广告市场的份额仅次于阿里巴巴的电商广告，实现了中国互联网商业史上的现象级增长。

字节跳动用 8 年时间高效地完成了原始积累，进而诞生了"字节跳动产业链"，字节跳动产业链以资讯智能分发到短视频媒介的重塑后，对大屏与游戏等切入也是其发展进化的选择。伴随字节跳动资本化的预期，有望带来广告营销、影视剧、游戏、直播电商等第二增长曲线的红利。目前，字节跳动旗下产品包括综合资讯类的今日头条、TopBuzz、News Republic，视频类的抖音、TikTok、西瓜视频、BuzzVideo、火山小视频、Vigo Video，以及人工智能教育产品、人工智能技术服务和企业 SaaS 等新业务。截至 2019 年上半年，中国短视频行业中，字节跳动三款短视频产品（抖音短视频、西瓜短视频、火山小视频）去重后用户近 5.9 亿人。

抖音于 2016 年 9 月上线。2017 年 11 月，今日头条收购北美音乐短视频社交平台 Musical.ly，并与抖音合并，为抖音"从学徒到行业领导者"铺平了前进之路；2020 年 1 月，火山小视频与抖音正式宣布品牌整合升级，火山小视频更名为抖音火山版；2020 年 1 月 5 日，抖音的日活用户超过 4 亿人。

TikTok（抖音海外版本）在 2019 年的用户增长达到 6.14 亿人，在全球累计已有 15 亿名用户。2019 年，在新用户的推动下，Tiktok 全球下载量超过 7.38 亿次，较 2018 年同比增长了 13%，2019 年第四季度，Tiktok 达到 2.19 亿次下载量。

字节跳动在人工智能领域动作频频，继 2019 年 8 月量子跃动投资致力于人工智能技术商业化的零犀科技后投资崧智智能，代表其在人工智能领域的进一步布局，且其有意将业务领域延伸到 B 端。

第二节 重点发展战略

一、算法制胜，构筑完善产品矩阵

在单个产品的产品设计和推荐优化上，字节跳动的算法体系起步早、投入高、数据量大。公司于 2016 年建立了人工智能实验室，由前微软亚洲研究院常务副院长马维英负责，至 2018 年员工已达 150 人，对自然语言处理、计算机视觉、机器学习等人工智能技术进行前沿研究，以应用于字节跳动的内容推荐分发、广告精准推送等领域。智能算法的优势在大数据的基础上得到进一步的优化和放大。在不同产品的孵化和筛选上，字节跳动有成熟的产品生产流程。每一个 App 产品都从技术、用户增长、商业化这三个方向进行流水线式的拉新、留存、变现，对其中留存好、数据佳的 App 产品进行重点资源倾斜。

二、投资与被投资并重，推动产品出海

字节跳动在其投资的领域中涉及文化娱乐、游戏、教育、广告营销、移动互联网、大数据、云计算、消费升级、企业服务、电子商务、硬件等，其中投资于天使轮的约 7 家，A 轮的 20 家约 1 亿元，B 轮的 6 家约 3 亿元，C 轮的 7 家约 2 亿元，战略阶段的 14 家约 2 亿元。从投资数量与金额可看出，字节跳动外延投资数量与金额的波峰在 2019 年，其投资金额达到 12.6 亿元，投资数量达 17 笔。

抖音海外版 TikTok 于 2017 年 8 月正式上线。凭借良好的用户体验和强大的推荐算法技术，2018 年一季度，据美国调查公司 Sensor Tower 数据显示，TikTok 是全球下载量最大的 iPhone 应用。同年 8 月，字节跳动将 Musical.ly 合并至 TikTok，合并后的 Tiktok 于 2018 年全年下载量达 6.6 亿次，同比增长达四倍，位列苹果应用商店之首和谷歌 Play 应用商店第四名。截至 2019 年 6 月，Tiktok 全球月活跃用户超过 5 亿人，覆盖北美、欧洲、日本、印度等主要海外市场。

三、广告与游戏多维变现

从 2018 年到 2019 年，在 C 端流量见顶、用户使用时长停滞增长的大背景下，短视频的崛起成为亮点。字节跳动侵蚀了布局短视频不利的腾讯系的用户使用时长。从 2019 年的时长占比变化来看，在腾讯系、字节系、阿里系、百度系的时长争夺中，腾讯同比下降了 3.6%，而字节跳动全系产品同比增长了 1.4%。在所有用户时长品类中，短视频同比增长了 65%。截至 2019 年 10 月，根据 Questmobile 统计数据显示，日均使用时长排名 TOP4 的产品中，微信以 80 分钟排名第一，第二名到第四名皆被字节跳动系产品包揽，分别为：西瓜视频、抖音、今日头条，日均时长皆大于 60 分钟。

广告是字节跳动的核心收入来源。2019 年，字节跳动广告营业收入占互联网广告大盘比重超过 15%。游戏是流量变现的绝佳渠道之一，字节跳动目前依靠流量平台优势切入代理游戏，在运营代理游戏的同时不断通过并购和内生研发双管齐下发力自研游戏，构建完整的游戏产业链。

第二十章

蚂蚁金服

蚂蚁金融服务集团（以下简称蚂蚁金服）起步于 2004 年成立的支付宝。2013 年 3 月，支付宝的母公司宣布将以其为主体筹建小微金融服务集团（以下简称小微金融），小微金融（筹）成为蚂蚁金服的前身。2014 年 10 月，蚂蚁金服正式成立。蚂蚁金服以"让信用等于财富"为愿景，致力于打造开放的生态系统，通过"互联网推进器计划"助力金融机构和合作伙伴加速迈向"互联网+"，为小微企业和个人消费者提供普惠金融服务，以移动互联、大数据、云计算为基础，为中国践行普惠金融的重要实践。蚂蚁金服旗下有支付宝、余额宝、招财宝、蚂蚁聚宝、网商银行、蚂蚁花呗、芝麻信用等子业务板块。

第一节　总体发展情况

2019 年第三季度，中国第三方移动支付市场交易规模达 51.9 万亿元，按月提升了 5.68%。支付宝以 53.6%的市场占有率继续占据移动支付龙头位置；腾讯金融的市场占有率则达 39.5%，排名第二位，两者加起来的市场占有率持续维持超过九成。蚂蚁金服是目前全球市值最大的独角兽企业（即成立不足 10 年，市值达 10 亿美元以上）之一。2018年，蚂蚁金服完成了 140 亿美元的 C 轮融资，成功引入新加坡政府投资公司（GIC）、马来西亚国库控股公司等作为投资者，估值已逾 1500 亿美元。除支付外，由蚂蚁金服作为大股东发起的互联网银行网商银行（MyBank）于 2015 年开业营运，蚂蚁金服亦涉足贷款、理财、信贷评级等多个领域。据阿里巴巴财报显示，2019 年第三季度，阿里巴巴从蚂蚁金服获得的知识产权和软件技术服务费用达 22.08 亿元，并一次性收到由蚂蚁金服股权产生的收益，约 692 亿元。若按照之前收取利润 37.5% 的比例计算，蚂蚁金服 2019 年前三季度的税前利润应为 58.88 亿元。

第二节　重点发展战略

一、金融服务全球化布局

支付宝在 2007 年启动全球化业务。目前，支付宝及其境外合作伙伴在为全球超过 12 亿名用户提供移动支付和普惠金融服务，支付宝已经成为全球最大的非社交类 App。支付宝的全球实践主要致力于为全球商户和消费者提供三类服务，包括全球付网上支付通路、出境游线下支付和全球数字普惠金融服务。全球付是指支付宝携手全球金融机构及第三方合作伙伴，打通世界各地的网上支付渠道，全球消费者无论是在阿里巴巴生态体系下的中外电商平台，还是海外第三方电商网站上，都可以用本地化的方式完成跨境付款。目前，支付宝已与全球 250 多个金融机构建立合作，打通了全球 220 多个国家和地区的网上支付业务、支持 27 种币种交易，全球付让全球买、全球卖成为可能，未来将成为 eWTP 的重要支撑。3 年以来，支付宝的蓝色二维码已覆盖超过 56 个国家，接入了吃喝玩乐、交通出行等数十万海外各类商家，涵盖餐饮、超市、百货、便利店、免税店、主题乐园，海外机场、退税、打车等出境游绝大部分场景。蚂蚁金服还在印度、巴基斯坦、孟加拉国、泰国、菲律宾、马来西亚、印尼、韩国等 9 个国家和地区，打造出了 9 个本地版"支付宝"。它们当中的绝大多数已成当地人首选的电子钱包。阿里巴巴和蚂蚁金服投资的 Paytm 已经成为印度版的"支付宝"，据官方介绍，Paytm 的用户数量从 2015 年年初开始合作时的不到 3000 万人发展到超过 4 亿人，成为全球第四大电子钱包。

二、通过打造吃喝玩乐游等多种服务场景拉动内需

在国内，蚂蚁金服以支付宝为阵地，通过数字金融创新促进消费

和内需。蚂蚁金服利用大数据技术为小微企业提供信贷服务（310 贷款），最大限度地解决小微企业资金周转问题，网商银行服务的小微经营者已超 2000 万人。蚂蚁金服还联合金融机构发展普惠型场景类消费信贷，定向解决消费信贷不足人群的普惠性贷款难题，推动消费下沉。移动支付的普及降低消费门槛，帮助新业态发展，成为拉动内需的新引擎。有研究表明，移动支付可使消费频次增长 23%以上。蚂蚁金服还以支付宝为阵地，打造吃喝玩乐游等服务体系，满足消费者日益增长的消费需求。2021 年，中国有望跃居为世界第一大消费市场，产业和消费的双升级将带来巨大机遇。通过金融科技创新以及连接线上线下场景，蚂蚁金服也在帮助更多产业实现数字化升级与发展，助力内需潜力的进一步释放。

三、技术赋能中小企业数字化转型

蚂蚁金服一直致力于通过技术服务为中小企业赋能，助力其实现数字化转型。2020 年，随着全球疫情的持续蔓延，如何帮助中小企业渡过难关成为焦点：4 月 16 日，蚂蚁区块链面向中小企业正式推出开放联盟链，首次全面开放技术和应用能力，助力中小企业、个人开发者进入新基建浪潮。开放联盟链基于蚂蚁区块链自主研发的技术，能支撑 10 亿个账户规模、10 亿元日交易量，实现每秒 10 万笔跨链消息处理能力（PPS），目前覆盖供应链金融、物流、公益慈善等场景，中小企业"上链"门槛可降低至数千元。开放联盟链是蚂蚁区块链的众多业务之一，主要是面向中小企业、开发者这样一个低门槛、低成本的区块链服务。

第二十一章

华为

第一节　总体发展情况

华为技术有限公司（以下简称华为）是全球领先的信息与通信技术（ICT）解决方案供应商，专注于 ICT 领域，坚持稳健经营、持续创新、开放合作，在电信运营商、企业、终端和云计算等领域构筑了端到端的解决方案优势，为运营商用户、企业用户和消费者提供有竞争力的 ICT 解决方案、产品和服务，并致力于实现未来信息社会、构建更美好的全连接世界。2018 年 2 月，沃达丰和华为完成首次 5G 通话测试；2019 年 8 月 9 日，华为正式发布鸿蒙系统。2019 年 8 月 22 日，2019 中国民营企业 500 强榜单发布，华为投资控股有限公司以 7212 亿元营业收入排名第一。2019 年 12 月 15 日，华为获得了首批"2019 中国品牌强国盛典榜样 100 品牌"的殊荣。2019 年，华为实现销售收入 8588 亿元，同比增长了 19.1%，实现净利润 627 亿元，同比增长了 5.73%。

第二节　重点发展战略

2019 年 7 月，华为公布了聚焦数字包容、安全可信、绿色环保、和谐生态四大可持续发展战略。

第一，数字包容。科技不应高居象牙塔，而要普济天下。据 GSMA 数据显示，全球仍有 66% 的家庭没有连入网络，仍有近 40 亿人无法接入互联网，20 多亿人没有享受到良好的移动宽带服务。为此，华为已推出全球数字包容计划——TECH4ALL。截至目前，华为通过技术集成不断减轻基站重量，支持客户低成本快速建站，助力连接 1 亿名农村人口，让偏远地区享受通信服务成为可能。而这些农村市场价值偏低，是一些电信设备商不愿意积极投入的方向。

第二，安全可信。在全球化的数字时代，安全可信已成为万物互联的智能世界的前提。华为把网络安全和用户隐私保护作为公司最高纲领，计划用 5 年时间投资 20 亿美元提升软件工程能力，从而更好地应对行业共同面临的网络安全和用户隐私保护挑战。据悉，华为积极开展业界主流的网络安全及用户隐私保护领域的认证，2018 年，主力产品获得安全领域国际相关认证 11 个。华为要求关键岗位人员 100%通过网络安全及用户隐私保护考试并获取网络安全服务上岗证。华为对 2778 家涉及网络安全的主流供应商进行了风险评估和跟踪管理，与 582 家涉及用户隐私保护的供应商签署了数据保护协议（DPA）并做了用户隐私保护尽职调查。

第三，绿色环保。华为倡导清洁高效、低碳循环的绿色环保理念，致力于减少生产、运营等过程以及产品和服务全生命周期对环境的影响，通过创新的产品和解决方案促进各行业的节能减排和循环经济发展，持续牵引产业链各方共建低碳社会。2018 年，华为使用了 9.32 亿千瓦时清洁能源电量，减少二氧化碳排放约 45 万吨。华为还鼓励供应商制定节能减排计划，2018 年 20 家供应商参与，累计减少碳排放逾 5 万吨。

第四，和谐生态。华为积极承担企业社会责任，与客户、员工、当地社区、产业链伙伴等利益相关方携手同行，共建和谐健康生态。2018 年，华为在全球开展了 177 个社区公益项目，支持社区的可持续发展，如孟加拉国农村救济活动、柬埔寨赈灾、乌兹别克斯坦青年人才培养等。华为将可持续发展要求全面融入采购业务战略和流程，提升供应链竞争力。2018 年，华为对 93 家拟引入供应商进行可持续发展审核，其中 16 家因为审核不合格未被引入，并对 1321 家供应商进行了可持续发展绩效评估，有 2 家因可持续发展原因被禁止新的业务合作或降低份额。

第三节 重点领域发展情况

手机方面，2011 年至 2020 年，华为手机强势增长，历经 9 年，站稳了国内手机市场的第一名的位置。2019 年受贸易战影响，华为手机海外市场增长缓慢，但全年出货量依旧排行全球第二名。2019 年 2 月 24 日，华为推出了其首款 5G 折叠屏手机 MateX，搭载麒麟 980 处理器和华为首款 7nm 多模 5G 芯片巴龙 5000，配置 8GB 运行内存。随后，华为又发布了 Mate20X 以及 2019 年旗舰手机 Mate30PRO。

芯片方面，华为于 2019 年 1 月发布多模 5G 基带芯片巴龙 5000，采用台积电 7nm 制程工艺，并率先实现对 SA 和 NSA 双组网架构的同步支持，涵盖了 5G 商用 Sub-6GHz 及毫米波频段。该芯片采用外挂方式用于华为 MateX 5G 折叠屏手机及华为 5G CPE Pro 终端设备；9 月初，华为发布麒麟 990 5G 芯片，该芯片将 5G 基带芯片集成到 SoC 上，板级面积相比业界其他方案小 36%，是目前晶体管数最多、功能最完整、复杂度最高的 5G SoC。目前，麒麟 990 5G 芯片已商用于华为 Mate 30 系列手机，是全球首款商用的 5G SoC 芯片。

软件方面，作为全球前三大应用市场之一，华为应用市场已经在全球 170 多个国家和地区上线，服务 6 亿名华为终端用户，目前已上架欧洲、拉美、亚太、中东、非洲等多区域的热门流行应用，全球月活用户超过 4 亿名。而随应用市场推出的快应用已在全球范围内陆续上线，打造 5G 时代全新应用生态，带来"无需安装、即点即用"的革命性移动应用体验。截至 2020 年 1 月，已有 1700 余款快应用在全球范围上架。华为已经面向 170 多个国家和地区提供应用市场、浏览器、云空间、主题等华为终端云服务应用，视频、音乐、智能助手等应用也在逐步面向全球提供服务。截至 2020 年 2 月，华为浏览器月活用户达 2.7 亿人，华为云空间月活用户达 1.8 亿人，华为智能助手月活用户达 1.8 亿人，华为钱包月活用户达 4000 万人；华为音乐月活用户达 1.6 亿人，华为视频月活用户达 1.4 亿人，华为主题月活用户达 8000 万人，华为阅读用户达 5000 万人。华为面向全球开放 HMS Core 核心能力，鼓励开发者加入 HMS 生态。目前，

华为全球注册开发者超过 130 万人，接入 HMS Core 的应用超过 5.5 万款。2020 年 1 月，华为面向全球发布 HMS Core 4.0，这是华为构建 HMS 全球生态的重要里程碑。在发布会上，华为重点介绍了其中多项为开发者服务的创新功能，包括机器学习服务、统一扫码服务、华为地图服务等。

第一节　总体发展情况

网易公司（NASDAQ: NTES，以下简称网易）2019 年第四季度及全年财报显示，第四季度净收入为 157.4 亿元。基于非美国通用会计准则，归属于网易公司股东的持续经营净利润为 36.6 亿元。2019 年，网易净收入为 592.4 亿。基于非美国通用会计准则，归属于网易公司股东的持续经营净利润为 156.6 亿元。2019 年第四季度，网易在线游戏服务净收入为 116.0 亿元人民币，同比增长了 5%，在连续七个季度保持百亿元以上营业收入的同时，实现持续增长。2019 年全年，在线游戏净收入为 464.2 亿元，同比增长了 16%。网易有道（以下简称有道）2019 年第四季度营业收入为 4.1 亿元。其中，学习型产品和服务成为网易有道的主要营业收入来源，营业收入达 3.1 亿元，同比增长了 129%，毛利率提升至 29.3%。2019 年第四季度，有道在线课程销售额达 3.5 亿元，同比增长了 211%。网易云音乐、网易严选等创新与其他业务净收入为 37.2 亿元，同比增长了 18%；毛利率提升至 20.6%。

第二节　重点发展战略

一、游戏业务立足于中国市场，继续向海外开拓

国内方面，网易的精品手游长期稳居中国游戏畅销榜收入 TOP20 榜

内。2019 年第四季度，网易游戏位列 TOP20 榜中的约 27%。海外方面，2019 年网易首次实现全年海外游戏收入占总体游戏收入的比例超过 10%，海外已成为网易游戏的重要增长驱动力。AppAnnie 数据显示，2019 年第四季度网易位居中国出海发行商收入榜 TOP3，其中 11 月为第一名。2020 年，网易重点开拓欧美市场，有望持续实现可观的增长。随着网易逐步将更多的精品游戏推向全球市场，网易游戏未来或将在海外获得更多认可，进一步提升海外游戏收入贡献。

二、有道收入继续高增长，有望催化在线教育普及

2019 年第四季度，有道实现总收入 4.1 亿元，同比增长了 78.4%，环比增长了 18.7%；在线课程销售额同比增长了 211% 至 3.47 亿元。截至 2019 年年末，有道全平台月活达到 1.08 亿元，同比增长了 12%。新冠肺炎疫情期间，有道精品课联合学习强国、央视频、新华社、哔哩哔哩、抖音、快手等多家媒体及平台提供丰富的线上课程内容，有望促进在线教育业务扩张。有道精品课响应"停课不停学"，联合多家媒体及平台提供丰富的线上课程内容，有望促进在线教育业务扩张；1 月 24 日，有道精品课向武汉市中小学生免费提供寒假线上直播课程，1 月 29 日将覆盖范围从湖北省扩大至全国中小学生，并入驻 16 家媒体及平台进行全网开课。此外，有道精品课还与央视频联合推出"疫情防控版开学第一课"；与哔哩哔哩合作定制课程内容直播，第一期（2 月 15 日至 21 日）共派出初高中阶段课的十余位名师，上线 42 堂精品课，并于 2 月 25 日至 3 月 1 日推出第二期共 36 堂精品课，有望借助哔哩哔哩平台拓展学生用户群。

三、电商业务继续蛰伏，有望迎来新增长点

受本次疫情影响，国内服务、娱乐等线下门店营业收入下降严重，社交隔离带来了电商行业业务的强劲增长。而作为网易电商业务的核心，网易严选成为网易下一步在电商领域发力的重要布局。虽然目前网易严选在网易整体营业收入里占比不大，但其仍在以可观的速度增长，在 2019 智慧零售潜力 TOP100 排行榜榜单中，网易严选位列第 22 名。

网易严选主打生活和品质，所有商品售价遵循"成本价+增值税+邮费"规则，去掉了高昂的品牌溢价，挤掉了广告公关成本，摒弃了传统销售模式，使价格回归理性，让消费者享受到物超所值的品质生活。而受2020年疫情影响，线上业务增长和消费者消费观念更加趋于理性，为网易严选后续规模增长提供了强大动力。

四、云音乐商业变现多维拓展，用户稳步增长

网易云音乐2019年第四季度平均月活量达到1.4亿人，同比增长了19%，环比增长了1%。收入创新高，其中会员收入同比增长超过100%，数字专辑、直播收入亦迅速增长，同时毛利率有所改善，驱动网易创新及其他业务毛利率同比提升3.5百分点至20.6%，环比提升5.4个百分点，未来随着音乐版权费用回归合理化，毛利率仍有提升空间。云音乐目前已入驻超过10万名独立音乐人，成为国内最活跃的原创音乐社区，在推动中国原创音乐发展的同时，持续提升平台价值。网易音乐人自2014年开放入驻，截至2019年11月，平台入驻原创音乐人总数已超过10万人，音乐人发布原创作品总数超过150万首，2019年总播放量达到2730亿次。其中，"95后"为原创音乐人主力，占网易音乐人的近40%，"90后"合计占82.4%，年轻用户群为云音乐持续注入发展活力。

政　策　篇

第二十三章

2019 年中国互联网产业政策环境分析

第一节 互联网安全保障政策法规不断强化

2019 年，我国针对网络安全出台了一系列政策和法规。2019 年 3 月，国家互联网信息办公室发布《网络安全审查办法（征求意见稿）》，对关键信息基础设施运营者采购网络产品和服务的审查对象、流程和合同等方面做出规范；6 月，工业和信息化部发布了《网络关键设备安全检测实施办法（征求意见稿）》和《网络安全漏洞管理规定（征求意见稿）》，推进网络关键设备安全检测，规范网络安全漏洞报告和信息发布等，提升网络安全防护水平；10 月，全国人大常委会通过《中华人民共和国密码法》，规范和鼓励密码技术的研究、开发和应用等，加强网络与信息安全保障；11 月，国家互联网信息办公室发布《网络安全威胁信息发布管理办法（征求意见稿）》，对发布网络安全威胁信息的行为做出规范管理。根据《网络安全法》规定的"对于违法行为依法计入信用档案并予以公示"，国家互联网信息办公室于 2019 年 7 月就《互联网信息服务严重失信主体信用信息管理办法（征求意见稿）》公开征求意见，将对严重失信主体实施信用黑名单管理和失信联合惩戒。

第二节 互联网数据管理政策加速完善

2019 年，一些互联网数据管理操作细则陆续出台。2019 年 2 月，国家互联网信息办公室出台的《金融信息服务管理规定》正式施行，推动提升金融信息服务质量，加大互联网金融信息管理力度；5 月，国家互联网信息办公室发布《数据安全管理办法（征求意见稿）》；6 月，国家互联网信息办公室发布《个人信息出境安全评估办法（征求意见稿）》，进一步明确了数据收集、存储、传输、处理、跨境流通等方面的实施细则；7 月，国家互联网信息办公室、国家发展改革委、工业和信息化部、财政部联合发布《云计算服务安全评估办法》，加强关键信息基础设施运营者采购和使用云服务的安全可控水平，保护云数据安全；8 月，国家互联网信息办公室发布《儿童个人信息网络保护规定》，明确了儿童专门保护协议、内部管理专员、加密存储和最小授权访问等儿童个人信息保护的具体要求；10 月，中国人民银行发布《个人金融信息（数据）保护试行办法（初稿）》，加大对违规采集、使用个人征信信息的惩处力度。

第三节　互联网内容管理政策加速建立

2019 年，互联网内容管理规范进一步完善。2019 年 1 月，国家互联网信息办公室发布《区块链信息服务管理规定》，明确了相关信息服务的提供主体需承担的内容安全管理义务；1 月，中国网络视听节目服务协会发布《网络短视频平台管理规范》和《网络短视频内容审核标准细则》，规范了短视频的内容审核和监管工作；8 月，国家广播电视总局印发《关于推动广播电视和网络视听产业高质量发展的意见》，推动广播电视和网络视听内容创作生产；9 月，国家互联网信息办公室发布《网络生态治理规定（征求意见稿）》，旨在治理网络信息内容，营造文明健康的网络生态；11 月，国家互联网信息办公室、文化和旅游部、国家广播电视总局联合发布《网络音视频信息服务管理规定》，针对当前网络音视频信息服务及相关技术发展面临的问题做出规定。

第四节　电子商务相关法规政策进一步修订完善

《中华人民共和国电子商务法》是我国首部电子商务领域的综合性法律，对于规范电子商务市场、保护消费者权益具有关键作用。2019

年，电子商务相关法规政策进一步修订完善。3 月,《中华人民共和国食品安全法实施条例》修订，明确网络食品交易第三方平台提供者妥善保存入网食品经营者的登记信息和交易信息的义务；4 月，国家市场监督管理总局就《网络交易监督管理办法》的修订公开征求意见，提出为尊重和保护消费者合法权益，网络交易经营者在进行"精准营销"时，应同时以显著方式提供不针对其个人特征的选项；4 月,《中华人民共和国反不正当竞争法》修订，对侵犯商业秘密行为的定义更为完善，在传统不正当获取商业秘密手段之外，将电子侵入纳入侵权手段之一;《中华人民共和国商标法》修订，一方面强调商标注册的"使用"，一方面加强商标权的保护；8 月，国家发展改革委联合有关部门研究起草了《关于加强和规范运输物流行业失信联合惩戒对象名单管理工作的实施意见（征求意见稿）》，运输物流行业市场主体及其有关人员在快递领域具有侵犯个人信息或其他违规行为的，可能被认定为严重失信并列入"黑名单"。

第二十四章

2019 年互联网行业重点政策解析

第一节 《互联网个人信息安全保护指南》

一、出台背景

互联网个人信息安全保护近年来已引发广泛关注，公安机关结合其办理大量真实案例的执法经验，并基于监管过程中掌握的情况制定了《互联网个人信息安全保护指南》(本节中简称《指南》)，以弥补 GDPR 或《公民个人信息安全规范》这样的规定流程在实际操作过程中的不足。该《指南》供企业在个人信息保护工作中参考借鉴，亦可供网络安全监管职能部门依法进行个人信息保护监督检查时参考使用。《指南》是在《互联网个人信息安全保护指引（征求意见稿）》的基础上听取采纳社会各方意见后修改而成的，主要从管理机制、安全技术措施、业务流程和应急处置四个方面对于个人信息持有者的个人信息安全保护工作提供了参考。

二、内容解析

《指南》明确了其中所述的"互联网企业"，是指"通过互联网提供服务的企业"以及"使用专网或非联网环境控制和处理个人信息的组织"。《指南》适用于个人信息持有者对于个人信息的安全保护工作。此处的个人信息持有者的身份包括上述广义的"互联网企业"和使用专网或非联网环境控制和处理个人信息的组织或个人。此外，与《网络安全法》的适用对象"网络运营者"及对其规定的义务不同,《指南》适用于通过网络控制和处理个人信息的组织或个人,且重点在于"个人信息"保护义务。

《指南》引用了《GB/T 25069—2010 信息安全技术 术语》《GB/T 35273—2017 信息安全技术 个人信息安全规范》(以下简称《个人信息安全规范》)《GB/T 22239 信息安全技术 网络安全等级保护基本要求》(以下简称《等级保护基本要求》)三份国家标准。从内容上看,《指南》结合了《个人信息安全规范》和《等级保护基本要求》,并对后两者做了一定的补充和修改。

《指南》提出,个人信息处理系统其安全技术措施应满足《等级保护基本要求》相应等级的要求,而并非如《征求意见稿》所规定的一律适用第三级的要求。对于技术措施,除基本要求和通用要求外,《指南》中还提及了云计算安全和物联网安全的拓展要求。但是《指南》未包含移动互联安全和工业控制系统安全的拓展要求。

第二节 《数据安全管理办法(征求意见稿)》

一、出台背景

2019 年 5 月 28 日,国家互联网信息办公室发布了《数据安全管理办法(征求意见稿)》(本节中简称《办法》)。此前,《网络安全法》已于 2017 年 6 月 1 日生效,然而其可操作性不强。作为《网络安全法》的配套措施,全国信息安全标准化技术委员会发布的《信息安全技术个人信息安全规范》(本节中简称《规范》)于 2018 年 5 月 1 日生效。但是,《规范》只是国家推荐性标准,不具有法律强制力,因而没有 GDPR 那样强大的威慑力。在此背景下,作为《网络安全法》重要的配套法律规范,《办法》为数据安全领域的技术性规范和最佳实践提供了法律强制力。

二、内容解析

《办法》提出了与"网络安全"相对的"数据安全"概念,将某些行业实践上升为法律规范。《网络安全法》提出了"网络运行安全"与"网络信息安全"两大概念，而《办法》专门提出"数据安全"概念，强调了在"网络安全"之外"数据安全"的独立性，其目的之一在于"保障个人信息和重要数据安全"。"数据安全"的含义包括"保护数据免受泄露、窃取、篡改、毁损、非法使用等"。

《办法》将部分行业实践上升为法律规范，规定网络运营者不得以默认授权、功能捆绑等形式强迫、误导个人信息主体同意收集其个人信息，网络运营者进行定向推送应标明"定推"字样，网络运营者对接入其平台的第三方应用，应明确数据安全要求和责任等。随着《办法》日后的生效，这些推荐性标准、行业实践将具有法律上的强制力。

《办法》要求以经营为目的收集重要数据或个人敏感信息的网络运营者，应向所在地网信部门备案。对于"以经营为目的"应作何解释，如企业收集员工个人敏感信息的行为是否也被划入"以经营为目的"，仍有待进一步明确。鉴于《办法》没有对个人敏感信息进行定义，此处的个人敏感信息的范围应与《规范》的定义与示例保持一致，将包括个人电话号码、性取向、婚史、宗教信仰、未公开的违法犯罪记录、通信记录和内容、行踪轨迹、网页浏览记录、住宿信息、精准定位信息等。

《办法》对公司治理结构提出明确要求：以经营为目的收集重要数据或个人敏感信息的网络运营者应设置"数据安全责任人"；该"数据安全责任人"应"参与有关数据活动的重要决策，直接向网络运营者的主要负责人报告工作"。

《办法》规定了网络运营者对外提供信息时无须征得个人信息主体同意的情形，与《规范》不同的是，缩小了网络运营者对外提供信息时无须征得个人信息主体同意的范围，进一步加强了对个人信息主体的保护。《办法》规定了约谈、公开曝光、没收违法所得、暂停相关业务、停业整顿、关闭网站、吊销相关业务许可证或吊销营业执照等执法措施。与《网络安全法》不同，《办法》没有提及罚款。"约谈""公开曝光"相较于"警告""纳入失信名单"而言，属于柔性执法，比较温和。相较 GDPR 中的巨额罚款规定，《办法》对企业的威慑力相对有限。

第三节《儿童个人信息网络保护规定》

一、出台背景

从全球儿童个人信息保护总体形势来看，儿童逐步成为隐私泄露和身份盗窃的高危人群，各国儿童数据保护呈加严趋势。从我国实践情况来看，未成年人的互联网普及率达到 93.7%，其中 11 岁以下的儿童对隐私设置的了解较少，11 至 16 岁儿童中仅 26%的儿童采取网上隐私保护措施。在此背景下，通过专门规定加强对儿童个人信息的保护是十分必要且有益的。《儿童个人信息网络保护规定》（本节中简称《规定》）自 2019 年 10 月 1 日起正式施行，针对中华人民共和国境内通过网络收集、存储、使用、转移、披露不满 14 周岁的儿童个人信息进行了规范。

二、内容解析

《规定》针对儿童个人信息的全生命周期提出更为严格审慎的规范原则，并落实在具体规则中，明确了儿童个人信息的收集、存储、使用、转移行为应当遵循正当必要、知情同意、目的明确、安全保障、依法利用的原则。

《规定》进一步明确儿童及其监护人针对儿童个人信息享有的各项权能，包括在收集、使用、转移、披露环节，儿童监护人的知情权、同意权，以及上述环节中相关要素发生实质性变更时的再次授权；儿童及其监护人发现儿童个人信息存在误差时的信息更正权；发现网络运营者违法、违规收集、存储、使用、转移、披露或撤回同意、停止服务时的信息删除权。

《规定》明确了网络运营者针对儿童个人信息的专门性、特设性保护义务。包括专条、专员、最小存储、最小访问、泄露及停业通知、安全存储、共享、披露限制等，针对以上规范了的双方的权利和义务。

《规定》明确了自动例外。即通过计算机信息系统自动留存处理信息且无法识别所留存处理的信息是否属于儿童个人信息的，不需按照本规定操作。总体来看，《规定》在《中华人民共和国网络安全法》等个人信息保护立法一般规则的基础上，针对儿童这一特殊保护主体，规定了更为严格的信息保护义务，赋予了儿童及其监护人更为全面、有力的权能。

《规定》细化了知情同意原则的告知事项，并提供拒绝同意选项，保障儿童及监护人享有更高的透明度和自由选择权。此外，在儿童个人信息的全生命周期，相较于数据流通、共享等自由价值，《规定》更加强调安全、稳定等秩序价值，包括贯穿始终的目的限定、最小够用、访问限制及及时删除等规则，确保儿童个人信息获得更高程度的安全保障。

《规定》设置了例外条款，排除了通过计算机信息系统自动留存处理且无法识别是否为儿童个人信息，减轻了网络运营者对于非主动收集信息的普遍保护义务，但对于其中能够识别为儿童个人信息的，当然仍需适用《规定》，适当地平衡了企业的安全保障义务与合规运行成本。

第四节 《加强工业互联网安全工作的指导意见》

一、出台背景

工业互联网近些年逐渐在全球范围内受到了很多国家的高度重视，成为"热词"并写入《2019 年国务院政府工作报告》，但工业互联网在世界范围内仍然是新兴领域，正处在蓬勃发展当中。当前，工业互联网的安全问题基本由工业企业的安全问题催生而来。2019 年 8 月 28 日，工业和信息化部、教育部等 10 个部门联合发布《加强工业互联网安全工作的指导意见》（本节中简称《指导意见》）。

二、内容解析

《指导意见》规定了工业互联网安全工作应坚持筑牢安全、保障发展，统筹指导、协同推进，分类施策、分级管理，融合创新、重点突破。计划到 2020 年年底，工业互联网安全保障体系初步建立。到 2025 年，制度机制健全完善，技术手段能力显著提升，安全产业形成规模，基本建立起较为完备可靠的工业互联网安全保障体系。

《指导意见》提出七项主要任务，分别是：推动工业互联网安全责任落实，构建工业互联网安全管理体系，提升企业工业互联网安全防护水平，强化工业互联网数据安全保护能力，建设国家工业互联网安全技术手段，加强工业互联网安全公共服务能力，推动工业互联网安全科技创新与产业发展。

第五节 《个人信息出境安全评估办法（征求意见稿）》

一、出台背景

全球正在拥抱新一轮科技革命浪潮，层出不穷的新技术、新应用更为依赖海量个人信息的挖掘收集、处理使用乃至跨境传输。个人信息已成为机遇和福祉的新源泉，也成为风险和约束的新焦点。面对日趋上升的数据跨境流动业务需求和跨国情形下更为复杂的安全环境，建构有效的风险管理机制，确保诸多数据跨境场景中的个人信息安全，关乎网络空间主权、国家安全、社会公共利益和公民、法人的合法权益。在此背景下，2019 年 6 月 12 日，国家互联网信息办公室会同有关部门发布了《个人信息出境安全评估办法（征求意见稿）》（本节中简称《办法》）。

二、内容解析

《办法》的适用范围并不是网民访问、注册或登录境外网站等纯个人行为，而是明确指向业务性活动，即"网络运营者向境外提供在中国境内运营中收集的个人信息"这一特定的场景。《办法》主要针对的是网络运营者，其范围涵盖网络的所有者、管理者和网络服务提供者，目前最常见的就是各类网站和 App 运营商。而从适用对象而言，《办法》针对的是网站和 App 等在先前的网络运营中收集的、将要向境外传输的个人信息。

《办法》所要求的个人信息出境前申报安全评估，并不是设定个人信息出境的行政许可，而是行使风险管理维度的网络安全执法权力。众所周知，行政许可是指国家行政机关对不特定的一般人依法负有不作为义务的事项，在特定条件下对特定对象解除禁令、允许他作为的行政活动，包括普通许可、特许、认可、核准及登记等。

《办法》所引入的个人信息出境安全评估制度并不是一刀切的强监管措施，而是旨在建立一套着眼风险应对的、弹性动态的流程化管理框架。《办法》规定的安全评估内容从横向看既强调国家有关法律法规和政策规定的符合性，也强调保障个人信息主体合法权益的充分性，体现了个人信息出境风险研判范围的全面性。

整体而言，《办法》建构的个人信息出境安全评估制度以全面的风险管理为基本的制度逻辑，其侧重于事先安全评估、以合同管理机制为中心的跨境流动规范框架旨在最大限度避免可能的数据业务阻碍情形，进而更好地实现具体业务场景中安全与发展的动态平衡关系，反映了国家主管机关致力于打造跨境数据业务友好型治理机制的总体思路与努力方向。

第六节 《区块链信息服务管理规定》

一、出台背景

区块链技术作为一种新兴的互联网应用技术，在带来发展机遇的同时，由于缺乏明确的法规监管而一度成为"法外之地"。假借区块链之名，行传销、诈骗等融资炒币之实的情况愈演愈烈，不仅干扰了社会经济秩序，侵害了民众合法权益，也给现行法律和监管政策带来了挑战。2018 年 10 月 19 日，国家互联网信息办公室出台《区块链信息服务管理规定（征求意见稿）》，2019 年 1 月 10 日，《区块链信息服务管理规定》（本节中简称《规定》）正式落地。

二、内容解析

《规定》明确了区块链信息服务的监督管理执法部门为各级互联网信息办公室。

《规定》明确了区块链信息服务提供者的定义，所谓区块链信息服务，是指基于区块链技术或者系统，通过互联网站、应用程序等形式，向社会公众提供信息服务。而区块链信息服务提供者则是指向社会公众提供区块链信息服务的主体或者节点，以及为区块链信息服的主体提供技术支持的机构或者组织。根据以上定义可知，《网易星球》《逆水寒》《倩女幽魂》等手机 App 或游戏，部分利用了区块链技术或者系统向用户提供服务，因此其运营者应当属于区块链信息服务提供者。

《规定》明确了区块链信息服务提供者的安全管理责任，主要包括信息内容安全管理责任，技术合规义务，制定并公开管理规则和平台公约、实名认证义务、安全评估责任、信息合规义务、网络秩序管理义务、信息留存义务。

《规定》明确了区块链信息服务提供者的备案责任及相关程序：在提供服务之日起十个工作日内通过国家互联网信息办公室区块链信息服务备案管理系统填报服务提供者的名称、服务类别、服务形式、应用领域、服务器地址等信息，履行备案手续；服务项目、平台地址等事项发生变更的，应当在变更之日起五个工作日内办理变更手续；终止服务的，应当在终止服务三十个工作日前办理注销手续，并做出妥善安排；在《规定》公布前（即 2019 年 1 月 10 日前）从事区块链信息服务的，应当自《规定》生效之日（即 2019 年 2 月 15 日）起二十个工作日内依照补办有关手续；区块链信息服务提供者应当在规定时间内登录区块链信息服务备案管理系统，提供相关信息，以配合互联网信息办公室对备案信息实行定期查验。

《规定》的出台，明确了区块链信息服务提供者的主体边界，详细规定了区块链信息服务提供者的主体责任，填补了当前国内对于区块链信息服务领域的监管空白，标志着区块链信息服务领域"监管时代"的到来。对于区块链信息服务行业而言，意味着更为有序的健康发展；对于已经从事或未来有志于从事区块链信息服务提供的从业者而言，则意味着更高的合规要求。

第七节　《云计算服务安全评估办法》

一、出台背景

2019 年 9 月，国家互联网信息办公室、国家发展改革委、工业和

信息化部、财政部联合发布了《云计算服务安全评估办法》(本节中简称《评估办法》),旨在提高党政机关、关键信息基础设施运营者采购使用云计算服务的安全可控水平,降低采购使用云计算服务带来的网络安全风险,从而增强党政机关、关键信息基础设施运营者将业务及数据向云服务平台迁移的信心。《评估办法》的出台,是国家持续推动云计算产业健康发展和市场规范化运行、提升云安全服务能力的重要体现。

二、内容解析

《评估办法》的评估目的:开展云计算服务安全评估是为了提高党政机关、关键信息基础设施运营者采购使用云计算服务的安全可控水平,降低采购使用云计算服务带来的网络安全风险,增强党政机关、关键信息基础设施运营者将业务及数据向云服务平台迁移的信心。

《评估办法》的评估对象:云计算服务安全评估是依据云服务商申请,对面向党政机关、关键信息基础设施提供云计算服务的云平台进行的安全评估。同一云服务商运营的不同云平台,需要分别申请安全评估。

《评估办法》指出,自 2019 年 9 月 1 日起云服务商可以正式提交云计算服务安全评估申请。需要提交的材料包括申报书、云计算服务系统安全计划、业务连续性和供应链安全报告、客户数据可迁移性分析报告等。有关申报材料模版将在中国网信网提供下载。

《评估办法》指出,评估环节主要包括申报、受理、专业技术机构评价、云计算服务安全评估专家组综合评价、云计算服务安全评估工作协调机制审议、国家互联网信息办公室核准、评估结果发布、持续监督等环节。

总体而言,《评估办法》的实施将为政务云产业发展保驾护航,具体体现在以下三个方面:一是《评估办法》推动云安全技术研发;二是《评估办法》助力政务云市场的快速发展;三是《评估办法》促进云服务安全保障体系未来走向完善。

第八节 《网络安全威胁信息发布管理办法（征求意见稿）》

一、出台背景

《网络安全威胁信息发布管理办法（征求意见稿）》（本节中简称《办法》）的出台主要源于当前我国网络安全威胁信息的发布存在着很多问题。例如，某些组织或个人打着研究、交流、传授网络技术的旗号，随意发布计算机病毒、木马、勒索软件等恶意程序的源代码和制作方法；部分组织或个人未经网络运营者同意，公开网络规划设计、资产信息、软件代码等属性信息和脆弱性信息；部分媒体、网络安全企业随意发布网络安全预警信息，夸大危害和影响。鉴于此，国家互联网信息办公室研究编制了《网络安全威胁信息发布管理办法（征求意见稿）》，并于2019年11月20日向社会公开征求意见。

二、内容解析

《办法》中所指的网络安全威胁信息，包括对可能威胁网络正常运行的行为，用于描述其意图、方法、工具、过程、结果等的信息，以及可能暴露网络脆弱性的信息。同时，网络安全威胁信息并不是特指"威胁情报"，《办法》中列出了对其他一些类型威胁信息的具体规定，如《XX行业网络安全态势分析》等综合性报告。

《办法》规定发布的网络安全威胁信息不得包含下列内容：（1）计算机病毒、木马、勒索软件等恶意程序的源代码和制作方法。（2）专门用于从事侵入网络、干扰网络正常功能、破坏网络防护措施或窃取网络数据等危害网络活动的程序、工具。（3）能够完整复现网络攻击、网络侵入过程的细节信息。（4）数据泄露事件中泄露的数据内容本身。（5）具体网络的规划设计、拓扑结构、资产信息、软件源代码，单元或设备选型、配置、软件等的属性信息。（6）具体网络和信息系统的网络安全风险评估、检测认证报告，安全防护计划和策略方案。（7）其他可能被直接用于危害网络正常运行的内容。

《办法》并未禁止发布威胁信息，只是列明了一些不得发布的明显容易被非法利用危害网络安全的细节内容。从业者仍然可以发布网络安全威胁信息，体现自身技术能力，交流分享技术理念、方法等。但需要更审慎地对待要发布出去的内容，不能"好心办坏事"。对于一些细节信息，如源代码、制作方法、样本等，仍然可以在网络安全从业者和技术爱好者的范围内进行交流共享。

《办法》明确了在发布网络安全威胁信息之前，要向事件发生地的公安机关报告。范围涵盖研究机构、应急组织、网络安全厂商、个人研究者以及信息发布运营单位等，中华人民共和国境内发布网络安全威胁信息的任何个人或组织。但需要注意的是，办法限定的主要是网络攻击、网络破坏类的事件，并非所有的事件信息。

第九节 《网络信息内容生态治理规定》

一、出台背景

伴随着互联网行业的快速发展、网络安全问题日益凸显。侵犯公民个人隐私、窃取个人信息、网上黄赌毒、网络谣言等违法犯罪行为层出不穷，严重影响国家公共安全。开展网络安全治理、打击网上违法违规行为，建设清朗的网络空间刻不容缓。为了建立健全网络综合治理体系，维护广大网民切身利益，2019 年 12 月 15 日，国家互联网信息办公室发布《网络信息内容生态治理规定》（本节中简称《规定》），自 2020 年 3 月 1 日起施行。

二、内容解析

《规定》全文共八章四十二条，围绕"网络信息内容生态治理"，坚持系统治理、依法治理、综合治理、源头治理，系统地规定网络信息内容主体责任和治理措施，设定不同的管理义务和相应的法律责任，体系化推进全社会共同参与网络信息内容生态治理，为网络信息内容生态治理提供了制度支撑。

《规定》按照网络信息内容生产、传播、使用的基本逻辑，针对网络信息内容生产者、网络信息内容服务平台、网络信息内容服务使用者、网络行业组织以及监督管理者等关键主体，设定不同的管理义务和相应的法律责任。

《规定》进一步细化了网络信息内容分类，将网络信息内容分为正能量信息、违法信息、不良信息，针对不同种类的信息，对网络信息内容生产者设定了不同的行为准则。

《规定》进一步强化了行业组织的治理功能，鼓励行业组织发挥服务指导和桥梁纽带作用，建立完善的行业自律机制，制定网络信息内容生态治理行业规范和自律公约，开展网络信息内容生态治理教育培训和宣传引导工作，增强全社会共同参与生态治理意识，推动行业信用评价体系建设，建立评价奖惩机制。

总体而言，《规定》体现了国家在网络信息领域的价值取向，对于规范和引领各类网络信息服务提供者传播正能量、弘扬主旋律，同时遏制和防范违法信息、不良信息，具有重要的阶段性意义，是网络信息内容生态治理法治建设的里程碑，为促进网络信息内容生态健康有序发展提供了重要指引，为保护公民、法人和其他组织的合法权益，维护国家安全和公共利益提供了有力保障。

第十节 《App 违法违规收集使用个人信息行为认定方法》

一、出台背景

当前，不少 App 存在侵害用户隐私、权限滥用等问题。2019 年 1 月至 12 月，工业和信息化部在全国范围内组织开展了 App 违法违规收集使用个人信息专项治理工作，全年共检测 App 多达 460 万个，下架处置了违法违规 App3.1 万个。为规范 App 违法违规收集使用个人信息行为，2019 年 12 月 30 日，国家网信办、工业和信息化部、公安部和市场监管总局四部门联合印发《App 违法违规收集使用个人信息行为认定方法》（本节中简称《认定方法》）。

二、内容解析

《认定方法》共分为 6 项认定准则，包含 31 种场景，App 运营者只有对照本方法及时、有效地自查自纠，才能减少或者避免被认定为违法违规收集使用个人信息行为，才能充分经受起相关部门、社会公众的共同监督。

在隐私政策方面，《认定方法》对 App 中有无隐私政策、首次运行时的提醒方式、个人信息的权限、访问及阅读时的难易程度进行了认定。总体概括来说，运营者实行告知行为的时间点应为用户安装、首次使用 App 以及新的信息收集使用方式或更新的隐私政策正式实施之前，主要以弹窗或链接的方式对用户进行告知，隐私政策等收集使用规则应易访问、易阅读，应收集与其提供的服务有关的个人信息，并明示收集使用个人信息的目的、方式和范围。

取得用户同意是目前我国 App 运营者降低违法违规风险的重要方式。文件的第三大认定标准中涵盖 9 条未取得用户同意而收集使用个人信息的违法违规行为，第五大认定标准涵盖 3 条未经同意向他人提供个人信息的违法违规行为。概括来说，运营商应在收集前提前告知用户，用户必须明确同意才可收集相关信息及向他人提供其个人信息。同时，值得关注的是《认定方法》提出，运营商应提供非定向推送信息的选项，设置可撤回同意收集个人信息的途径。

《认定办法》作为大数据时代我国第一部 App 个人信息保护规范指引，完善了征求意见稿中的诸多细节规定，更加具体地细化了 App 收集个人信息行为认定方法，并给了用户更多的知情权、选择权、注销权、投诉权等规定，提高了严谨性和可执行性，为违规收集使用个人信息问题提供最根本的参考依据。虽然 App 运营者在收集使用用户个人信息时，多了相对明确的限制，但也多了相对明确的合规指引。当然，App 个人信息保护的规范工作仍在不断探索，希望政府部门、App 运营者、行业组织、社会公众等继续携手共治，共同构建安全有序的网络生态环境。

热 点 篇

第二十五章

美国推进"星链"互联网计划

2019 年 5 月 24 日，美国 SpaceX 公司以"一箭多星"的方式发射 60 颗"星链"卫星，引发全球高科技产业广泛关注。"星链"计划是马斯克创建的 SpaceX 公司于 2017 年提出的，该计划拟向近地轨道共发射 11927 颗卫星（相当于当前全球在轨工作的全部卫星数的 6 倍），目标是向全球终端用户提供低延迟、高带宽的网络宽带服务。"星链"计划的实施可能对包括通信、互联网服务、商用卫星等在内的多个行业造成颠覆式影响。

第一节　背景

"一箭多星"及火箭回收技术难度高。"一箭多星"需要控制好火箭的姿态、每颗卫星的运行轨道、多个卫星间的无线电干扰等。每颗卫星有"量身定做"的最佳的分离路线和分离时刻，要按照预定程序顺利"出舱"且不能相互擦碰。回收技术是运载火箭技术发展的重要趋势，一般分为部分可回收和完全可回收两大类。目前掌握部分可回收技术的只有中、美两国，完全可回收技术尚未实现。"星链"计划实施中，马斯克一直致力于利用可回收火箭技术降低卫星发射成本。此次发射使用的"猎鹰 9 号"运载火箭的第一级即第三次发射的可回收部分。

适用于特殊地形的低轨卫星通信延时小。农村、山地、沙漠、海岛等地区光纤宽带普及程度不高，传统通信卫星一般部署在地球上空约 3.6 万千米处的轨道上，信号往返时间较长，延迟比较明显，因此向偏远地区提供互联网接入时经常发生延时现象，无法满足实时通信、网络游戏等需要低延迟的应用场景。相对于地面基站或高空通信卫星，低轨卫星通信的传播距离短、延时小。"星链"计划的卫星均部署在近地轨道，可将延时降至 20 毫秒，达到家用光纤接入网络水平。

卫星互联网潜在的商业价值大。在全球范围内，由于大部分网络的连接来自陆地和海底的光纤电缆，50%以上的人口尚未接入互联网，潜在市场巨大。国内外互联网产业大型公司纷纷布局卫星互联网：亚马逊提出"柯伊伯项目"，计划将 3236 颗卫星送入近地轨道；中国航天科技集团有限公司计划组建"鸿雁"全球卫星通信星座系统；360 公司投资了旧金山的立方体卫星公司 Spire；连尚网络公布了"连尚蜂群"卫星发射计划；阿里巴巴、斗鱼、华米等公司已发射了冠名的卫星，进军商业卫星领域。根据马斯克预测，"星链"计划潜在的宽带网络收入将达到每年 300 亿美元。

第二节　主要内容

"星链"计划规模庞大。马斯克的"星链"计划拟向地球近地轨道发射 11927 颗卫星，其中 550km 高度轨道面有卫星 4409 颗，340km 高度轨道面有卫星 7518 颗。每颗"星链"卫星重约 227kg，使用氙工质霍尔推进器提供动力，配备星敏感器高精度导航系统。"星链"计划从 2020 年起在美国建造 100 万个地面站供用户使用，其最终目标是部署一个覆盖全球的空天地卫星互联网络，为全球用户提供低时延、高带宽、广覆盖或全覆盖的宽带网络服务。

低轨卫星通信给通信产业带来新的竞争格局。首先，"星链"的太空组网模式打破了地面通信系统的局域网、城域网、主干网等惯有的模式。其次，低轨卫星通信是不适宜架设地面基站的地区的优质选择，包括海上、南北极、荒漠等地区。卫星移动通信与地面移动通信的融合将真正打造一个覆盖全球的通信网络。最后，随着卫星通信服务的推广和成本的降低，卫星通信业务在全球通信业务中的占比将显著提升，使用卫星通信的行业用户和个人用户将更多。

低轨卫星通信给互联网产业带来新的增长极。低轨卫星通信延展了地面网络空间维度，能用于海洋运输、极地探测、远洋渔业、航空高铁客运、应急通信等领域，带来新的互联网应用场景和服务模式。通过卫星通信网络能天然累积海洋/航空运输、航洋渔业、旅游等行业综合数据，为实时信息采集与产业数据分析提供数据服务。卫星运营商通过构建集群卫星网络，提供创新的互联网服务，与传统互联网企业展开竞争，互联网产业竞争格局或将重新洗牌。

"星链"计划带来的其他颠覆式影响。随着火箭回收技术的成熟、卫星的大规模应用将引发小型卫星研发制造的新一波热潮，卫星资源军民结合应用会进一步加快，商用卫星行业进入快速发展期。此外，假如马斯克"星链"计划如期推进，人造卫星的数量快速增加，将对地面和空间天文观测造成负面影响，对传统地球气象监测、地质勘探遥感等行业造成新的影响与冲击。

第三节　主要评价

"星链"计划自身还存在诸多问题。从全球组网来看，大规模卫星发射及连续地面站建设需要得到所在国家的准许和协同，过量卫星还可能产生"太空拥堵"或大量的"太空垃圾"。从技术层面来看，轨道上的星座铺设、星地之间的通信载荷、卫星间通信干扰、地面信号干扰阻塞等大量难题仍需解决。此外，"星链"密集的低空卫星群还可能被用作军事用途，引发信息安全和国家安全问题。

积极开展太空方面的国际合作。在外层空间开展探索活动，需要开展国际合作与交流，我国可以积极参与太空国际规则的制定和太空机制的构建，与参与国共同协商分配卫星的频率和轨道资源，保障信息通信安全。此外，应加快制定我国卫星互联网技术与产业发展路线图和应用时间表，设立行业申请准入制度，探索制定太空通信管理相关的法规、政策、行业标准，尽量避免卫星资源浪费和重复投资，保障卫星通信用户的优质网络体验。

加速频谱规划与研究管理。一方面，面对有限的频谱资源和快速增长的频谱使用需求，应加快技术创新，积极开发适用于低轨卫星的优质频谱资源，避免被国外公司抢占先机。另一方面，需要研究卫星通信频谱与 5G 毫米波频谱、低轨卫星通信频谱与高轨卫星通信频谱重叠部分带来的信号干扰和阻塞等问题，需要科学有效地分配、调整、管控频谱资源，提高频谱利用率。

开展重点领域应用示范。推动卫星互联网在海洋渔业、两极探测、偏远地区、军事领域的示范应用，开拓新兴应用领域，探索总结应用经验，以点带面扩大行业应用范围。制定卫星通信技术标准规范，开展测试认证工作，打造健全的产业生态和更佳的发展应用环境。尽量避免卫星资源浪费和重复投资，保障卫星通信用户的优质网络体验。

第二十六章

谷歌发布 TensorNetwork 开源库

2019年6月4日,谷歌发布了用于执行张量网络计算的开源库 Tensor-Network, TensorNetwork 使用谷歌开源机器学习框架 TensorFlow 作为其底层工具,提高了张量网络计算的可行性和计算效率,使张量网络计算在 GPU 上的计算效率提高了 100 倍。张量网络计算最早被应用于量子物理、量子化学中,此次谷歌 TensorNetwork 开源库的发布,不仅给量子领域学科的研究者提供了强大的计算机工具,而且给张量网络在机器学习中的应用提供了可行性和硬件加速方法。

第一节　背景

现有计算模式无法满足量子计算模拟需求。随着量子理论的不断发展,量子计算边界条件越来越复杂,现有的密度泛函计算只能处理相互作用比较弱的系统,如半导体系统和简单的金属系统。张量网络计算能够对量子状态进行更好的模拟,对高量子纠缠系统进行准确计算,越来越广泛地被应用于高温超导体、凝聚态物理学、量子化学、统计力学等学科。在机器学习领域,计算硬件设备不断更新迭代,想要充分开发利用处理器的计算性能,计算模式需要更加抽象,从而超越现有的二维矩阵运算,张量网络计算可以突破该瓶颈。近几年,针对张量网络在机器学习领域应用的研究成果大量涌现,已经证明张量网络与卷积神经网络之间存在极大的关联,张量网络计算在未来有望与卷积神经网络并驾齐驱。

TensorFlow 为 TensorNetwork 奠定技术基础。TensorFlow 是谷歌推出的一个使用数据流图进行数值计算的开源人工智能软件库，于 2015 年 10 月宣布开源。TensorFlow 提供了丰富的构建和训练机器学习模型的 API 库，支持卷积神经网络、循环神经网络、长短期记忆网络等深度神经网络模型。在 TensorFlow 中，张量的概念以多维数组的形式首次被引入机器学习领域。随着谷歌对 TensorFlow 的不断完善，TensorFlow 成为机器学习领域最受欢迎的基础框架，给人工智能企业及研究机构提供了开源工具库，对谷歌构建人工智能生态及加速产品化起到了推进作用。

开源成为全球 IT 行业公认的重要创新方式。开源可以大大节省软件开发的时间、人力成本，并有利于技术的推广和发展。谷歌开源战略布局已久，在开源平台、开源软件、开源语言等方面进行了深入的建设，其中 Android、TensorFlow、Spark 等都在各自领域占据龙头地位，此次 TensorNetwork 开源库的发布使谷歌在张量网络计算方面抢得先机。在谷歌的带领下，许多抵制开源的软件巨头也逐渐接受并进行开源战略布局。微软于 2018 年 10 月 26 日宣布对开源代码托管平台 GitHub 的交易正式完成，交易额为 75 亿美元。IBM 于 2019 年 6 月 29 日获得欧盟无条件批准，以 340 亿美元收购开源解决方案提供商红帽（Red Hat）。开源平台使企业得以围绕自身产品快速构建应用开发者生态，同时引导产业和技术演进路径及方向，从而把控标准、专利等产业核心话语权。

第二节　主要内容

以 TensorFlow 为底层框架的开源库 TensorNetwork 能够提高张量网络计算的可行性和计算效率，并且最大化 GPU 的运行速度。在发布 TensorNetwork 的同时，谷歌发表一系列论文对其功能及在其他领域的可应用性进行了介绍和解释。在 TensorNetwork 中，张量的概念可以简单地理解为高阶数组或高阶矩阵，其运算方式与普通矩阵相同，这大大降低了没有量子理论学习经历的开发者的使用难度。谷歌表示，由于其高阶特性，张量很难用普通记数法表示，使用图解记数法是非常有用的，更容易表示张量的收缩。目前，谷歌发表的论文对 TensorNetwork 进行了简单的介绍并给出了实际物理应用案例，后续的论文将讲述 TensorNetwork 在机器学习中的应用，如在 MNIST 和 Fashion-MNIST 图像库中执行图像分类算法，在其他领域的延伸还将包括时序分析、量子电路仿真等。谷歌研究人员希望 TensorNetwork 能真正成为物理学家和机器学习从业者的宝贵工具。

第三节　主要评价

TensorNetwork 开源库给张量网络计算的大规模应用注入新动力。在量子领域，张量网络计算被提出用于处理高量子纠缠系统，但在被提出的很长一段时间中处于瓶颈期，目前已有的用于加速硬件的生产级张量网络库还不能用于大规模运行张量网络算法，而谷歌的 TensorNetwork 有望突破张量网络计算应用的瓶颈，将张量网络计算大规模应用于凝聚态物理、量子化学、量子引力等量子领域。在机器学习方面，Tensor-Network 的出现颠覆了原有的基于线性代数的神经网络计算体系，并且实现了张量网络计算在 GPU 上的加速，张量网络计算在机器学习方面的大规模推广和应用指日可待。

开源生态建设对我国信息技术发展意义重大。开源平台已经成为数字时代的重要基础设施。西方科技巨头借助开源力量能够对其自身产品进行完善，提升下游公司及开发者的黏性，构建更为完整的产业生态，强化自身话语权。我国企业近几年逐步重视开源布局，涌现了一批开源平台、开源库等，但因对于核心技术、开源规则掌握不足，响应者较少，发展较为滞后。目前，国内公司及开发者习惯于使用国外开源平台，一旦国外公司对开源平台进行管控，我国将面临平台迁移带来的巨额成本，并存在产业供应链安全的巨大隐患。建议加快营造国内开源氛围，鼓励企业发展开源平台、开源社区等开发模式，提升在全球主流开源生态中的贡献度及话语权，实现由参与者向贡献者再到构建者的升级。

第二十七章

谷歌申请 Dropout 算法专利

2019 年 6 月 26 日，谷歌对 Dropout 算法提出的专利申请正式生效，专利有效期为 15 年，于 2034 年 9 月 3 日到期。Dropout 算法最早由 Hinton 于 2012 年提出，是一种在深度学习、训练神经网络时被普遍使用的算法，可以有效解决"过拟合"现象。由于 Dropout 是人工智能最底层的算法，使用范围十分广泛，因此此次专利申请在人工智能领域引起了轩然大波。

第一节　背景

Dropout 算法可以有效解决深度学习中的"过拟合"问题。Dropout 最早于 2012 年被图灵奖获得者 Hinton 提出，由 Alex 首次用于卷积网络的图像分类。由于神经网络拟合能力过强，在实际的训练情况中极易出现"过拟合"，"过拟合"情况一旦出现，会导致训练完成后的神经网络模型无法用于训练集之外的其他数据。Dropout 算法的作用便是在神经网络训练过程中以一定概率丢弃部分神经元来防止"过拟合"现象，在深度学习领域中的应用极为普遍，现在主流的卷积神经网络、循环神经网络训练都会用 Dropout 技术作为正则化器。基于 Dropout 的广泛应用，Dropout 的变形如 Targeted Dropout、Sample Dropout 等陆续被开发问世。

深度学习基础算法类专利凤毛麟角。虽然深度学习领域专利数量呈现爆发式增长，但从全球范围看，深度学习专利集中在产业中下游，2018

年，全球深度学习领域新增专利数量为 7429 项，即对深度学习神经网络的使用及人工智能应用模式的创新。目前，计算机视觉创新热度最高，2018 年，相关专利数量超过 4000 个，占比超过全部专利数量的一半；自动驾驶和自然语言处理应用领域的专利数量也在迅速飙升。但是深度学习基础算法的专利占比较低，一是由于深度学习基础算法研发技术要求高，对大部分企业设置了门槛，只有谷歌等实力强劲的科技巨头才有在深度学习上游布局的可能；二是基础算法的前期研究周期太长、回报率低，许多企业不愿涉足。

谷歌历来对基础领域专利布局高度重视。从专利数量来看，2016 年至 2018 年，谷歌发布专利总数量为 1659 项，在全球企业排名中仅次于 IBM 和微软，位列第三名，其中以发明专利居多。谷歌善于通过基础算法进行生态构建，持续注重基础算法专利的储备和布局。在此次对 Dropout 申请专利之前，谷歌已经多次对基础算法进行专利申请，如自然语言处理中的 Word2vec 和视频压缩中的 ANS 等。近几年，谷歌在深度学习基础算法领域的专利布局进一步深化，其专利申请相较之前呈明显增加的趋势，并于 2013 年呈现爆发式增长，其布局的重点领域为自动驾驶汽车基础技术，如环境感知、操作控制等。谷歌在基础领域的专利布局使其牢牢把控产业上游"闸口"。

第二节　主要内容

2016 年 8 月 2 日，谷歌对 Dropout 算法提出了专利申请，该项专利于 2019 年 6 月 26 日正式生效。在专利申请的文档主体中，谷歌提供了神经网络的结构图和训练流程图，并介绍了专利申请的背景，对专利进行了简要概括，提供了专利分类，并描述了专利的实施原理。谷歌在 Dropout 专利申请成功后尚没有动作，对于业界的讨论也没有给出正面回应，深度学习开发者、人工智能初创企业和人工智能科研机构等都仍旧面临谷歌对 Dropout 算法进行收费或限制的风险。

业界对谷歌申请 Dropout 专利主要存在两种意见。乐观人士认为，此次不是谷歌第一次进行基础算法的专利申请，并且谷歌没有对算法进行限制或收费的先例，此次谷歌针对 Dropout 申请专利有较大概率是为了防止在进行技术开发时被其他公司起诉，是一种自我保护行为，谷歌不会对 Dropout 的使用者进行限制。悲观人士认为，谷歌对深度学习基础算法进行专利申请，握住了整个深度学习领域的命脉。

第三节　主要评价

我国深度学习领域以企业为主体的专利数量占比较低。近几年，我国深度学习专利增长迅速，但以企业为主体的专利数量较少，企业创新主体的地位没有得到充分体现。从总体构成上看，我国深度学习领域的研发力量集中于科研院所，而美国主要集中于企业。2018 年，美国以企业为申请主体的新增专利数占到其专利总申请数量的 81.5%，而我国此项比重仅为 40.8%。科研院所在深度学习领域研发创新戏份较重，体现了一定的弊端：一是各院所之间相对独立，并且科研院所研发经费相较大型企业略显窘困，导致研究力量比较分散、研发方向不够聚焦，难以真正解决基础领域的重难点问题；二是科研院所与产业、市场的应用需求衔接不足，科研院所在进行研究创新后，无法像企业那样将其研发成果或产品进行真正的应用落地，研发成果到应用成果之间存在断层。

我国应当高度关注人工智能基础算法的专利布局。我国人工智能企业以百度、商汤科技、科大讯飞等为代表，在语音识别、图像识别、端到端自动驾驶系统、图像分割神经网络、视线追踪等领域开发了一批应用产品，但与美国的科技巨头如 IBM、谷歌、微软等相比，我国的人工智能基础算法领域处于空白，在未来发展中略显乏力。此次谷歌对 Dropout 申请专利应当引起政府相关部门的重视，要呼吁企业勇于在新兴领域的原始创新上加大对资金、人才等的重视程度，做到敢为人先，对底层架构、基础理论进行无人区的开拓。同时，我国企业应当增强知识产权意识，通过专利布局对未来新兴领域的产业生态构建进行超前谋划，在基础算法领域进行专利布局，打好行业的根基，真正夯实基础科研能力，同时保证创新活力。

第二十八章

国产域名服务器发布

2019 年 6 月 28 日，域名国家工程研究中心（ZDNS）在中国科学院软件园宣布推出首款搭载国产龙芯 CPU 的域名服务器及国产域名管理软件"红枫系统"2.0 版。此次国产域名服务器的诞生，标志着我国在域名服务器整机领域实现了从无到有的突破，从技术角度打破了西方国家对于域名服务器的垄断，并且给我国国产芯片和操作系统的发展提供了新的应用场景。

第一节　背景

域名服务器是互联网领域的基础设备，对于全球互联网产业发展有至关重要的作用。域名服务器是进行域名和与之相对应的 IP 地址转换的设备，即域名服务器是整个互联网的根基，没有域名服务器，整个互联网即陷入瘫痪。从域名服务器整体架构来看，全球域名管理由美国机构 ICAAN 负责，共有 13 个 IPv4 根域名解析服务器，其中 10 个部署在美国，包括 1 个主根服务器和 9 个辅根服务器，另外 3 个辅根服务器分别部署在英国、瑞典和日本。在国产龙芯域名服务器之前，域名解析服务器设备的生产市场被西方国家垄断。此次推出的国产域名服务器在数据更新、分发和加载等方面的功能和性能都得到了大幅提升，同时全面兼容国际标准 RFC7706，支持本地根区服务，从技术角度打破了西方国家对域名服务器领域的垄断。

我国服务器领域基础技术的快速发展为国产域名服务器的推出奠

定了基础。一是龙芯芯片应用落地填补了我国通用 CPU 领域的空白。此次推出的国产域名服务器搭载我国自主生产的龙芯芯片。龙芯芯片项目组由中科院发起，经过近 20 年的发展，其龙芯 3B 等产品已经用于个人计算机等商业化产品，打破了我国无"芯"的历史；二是红枫域名解析系统（以下简称"红枫系统"）给自主可控域名解析服务器提供了软件解决方案。"红枫系统"是域名工程中心花费 8 年时间打磨的一套高性能、智能化的基础域名软件，与目前广泛使用的 Bind9 相比，红枫软件采用全新的架构设计，在多个方面优于 Bind9，达到了国际领先水平。龙芯芯片的应用落地及"红枫系统"的赶超式发展为此次国产域名服务器的诞生提供了强劲的内在动力。

我国重视域名服务器建设布局成为服务器设备发展的推动力。目前，工业和信息化部已经同意中国互联网络信息中心及北京市工程研究中心有限公司设立域名根服务器（F、I、K、L 根镜像服务器）及域名根服务器运行机构，建成以后，网站域名的解析可以由国内服务器完成，从而摆脱西方国家在域名根服务器方面对我国的制衡，国内互联网在域名解析的效率和安全方面会得到很大的提升。除此之外，在与现有 IPv4 根服务器体系架构充分兼容的基础上，"雪人计划"于 2016 年在全球 16 个国家完成了 25 台 IPv6 根服务器的架设，形成了 13 台原有根加 25 台 IPv6 根的新格局，中国部署了其中 4 台，由 1 台主根服务器和 3 台辅根服务器组成，打破了中国过去没有根服务器的困境。国内对于域名服务器布局的重视推动了域名服务器基础设施的发展。

第二节　主要内容

2019 年 6 月 28 日，中科院发布了第一款基于龙芯芯片的国产域名服务器，该域名服务器基于龙芯芯片，并搭载了"红枫系统"2.0 版，在核心芯片和基础软件上均实现了国产化，是我国在域名服务器领域一次意义重大的自主化尝试。龙芯域名服务器在网络解析效率、智能线路等方面，与国外同类设备相比有很大的提升，从技术方面来讲，打破了西方国家对域名服务器的垄断，对于我国底层互联网技术的发展意义非凡。

此次国产域名解析服务器的发布填补了我国服务器整机集成领域的空白，给国产芯片、操作系统提供了除个人计算机以外的应用场景以及巨大的发展空间，并且从技术角度打破了服务器设备的垄断局面，为我国 IPv4 镜像域名服务器及 IPv6 根服务器的部署提供了自主可控的解决方案，标志着我国在网络安全领域取得了里程碑式的进步。

第三节　主要评价

域名服务器国产化并未改变我国域名权限受制于人的局面。对于国产域名服务器的发布不应该过于乐观，实现域名服务器自主可控的确是我国网络安全领域的重大突破，但域名服务器的核心并不是技术问题，而是权限问题。此次国产域名服务器的发布改变不了现有的 IPv4 的格局，目前部署在我国的 IPv4 服务器为镜像服务器，只有解析功能，没有对域名内容的更改权限，IPv4 域名解析权限仍旧被西方国家垄断。另外，IPv6 的部署格局尚未确定，各国竞争十分激烈，我国国产域名服务器能否对国外设备形成替代尚需时间验证，要获得 IPv6 主导地位绝非易事。

以我国加速布局 IPv6 为契机，强化我国在 IPv6 领域的主导地位。我国作为互联网大国，IPv6 地址储备量近几年大幅增长，已跃居全球第一位，三大电信运营商已经全面支持 IPv6，大型企事业单位相继进行 IPv6 改造，而美国由于 IPv4 域名储备充足，对于 IPv6 的建设热情不高，我国在 IPv6 建设方面拥有巨大优势。另外，"雪人计划"于 2015 年正式启动，我国为其主要发起者，提出了在全球 16 个国家完成 25 台 IPv6 根服务器架设的目标，从而可形成 13 台原有根服务器加 25 台 IPv6 根服务器的新格局，其中 1 台主根服务器和 3 台辅根服务器部署在中国。我国应当抓住 IPv6 发展的良好契机，推进加速 IPv6 域名服务器建设，在 IPv6 国际标准制定方面建言献策，在建立多边、民主、透明的国际互联网治理体系中发挥作用，强化我国在 IPv6 领域的主导地位。

加大国产芯片、操作系统的产业化力度。此次推出的域名解析服务器使用国产龙芯芯片及红枫域名解析系统，表明我国在通用 CPU 及操作系统领域已经实现了从无到有的突破，但国产芯片、操作系统仍缺乏应用落地的检验，大部分产品还停留在实验室阶段。为了给国产芯片、操作系统带来发展动力，应当通过财政补贴等手段，鼓励政府、企业采购国产芯片、操作系统，并应用到国家安全、国防军事等领域，给国产芯片、操作系统更好的发展及试错空间，且完善其上下游配套产业的行业标准，争取用较短的时间走完国产芯片和操作系统的市场化的历程。

第二十九章

联合国数字合作报告

2019 年 6 月，联合国数字合作高级别小组发布纲领性报告《数字相互依存的时代》，总结数字时代政府面临的发展前景和治理挑战，其建议对我国提升数字治理能力具有重要的借鉴价值。新时代需要加强数字经济的普惠共享、创新包容和安全开放发展，基于此，本书提出五点对策建议：推进数字经济普惠共享、提升数字技能全民素养、完善数字经济政策体系、强化数字经济安全保障，共建数字经济国际规范。

第一节 主要内容

《数字相互依存的时代》（本章中简称《报告》）在论述数字技术支持实现可持续发展目标及相关发展问题的基础上，提出全球数字合作的行动建议，强调通过多边合作完善数字合作机制，降低全球数字鸿沟。《报告》的主要行动建议如下。

行动一：**建设包容性数字经济和社会。**数字技术应当帮助更多人接入互联网，并与各利益相关方围绕数字公共产品和公益性数据库深度合作。《报告》提出四项行动计划：一是确立 2030 年数字化发展目标，让每个成年人都能够使用平价数字网络及数字化的金融和医疗服务；二是由联合国参与构建多边发展平台，在尊重隐私和安全保护的基础上共享数字公共产品，加强人才和数据资源的集聚；三是保障妇女和边缘化群体的参与，政企多方合作降低数字门槛；四是制定数字化包容性指标，在联合国、国际货币基金组织、世界银行、经合组织等多边组织的年度报告中使用，以此作为各国战略规划和行动计划的制定基础。

行动二：**加强人与机构的数字化能力**。数字时代对政府监管和政策发布提出了数字化能力的要求，而企业和公众也需要更加深入了解数字技术的利益和风险。《报告》提议建立区域性和全球性的数字技术服务平台，以帮助政府、民间社会和私营部门了解数字问题，发展引导与数字技术相关的合作能力，并在各区域因地制宜地发展数字化能力，以便根据不同的当地情况对症下药。

行动三：**推进全球人权保护与合作**。数字时代需要加强对妇女、儿童等弱势群体的权利保护，确立清晰透明的隐私标准和数据使用范围，增强提前识别和数据保护能力。《报告》提出三项行动计划：一是加强数字时代的人权保护适用性，审查并调整现行国际人权协定和标准；二是呼吁加强社交媒体与政府、第三方机构及人权专家的多方合作，充分了解和回应对现有或潜在的侵犯行为；三是通过多边合作完善自主智能系统的逻辑标准，确立不同应用环境的标准和原则设计。

行动四：**增强数字信任与数字安全**。数字时代的合作基础在于数字信任和数字环境的安全稳定，需要通过多方共建来实现数字环境的和平、安全、开放与合作。《报告》建议联合国主导《全球数字信任与安全承诺》，汇总各国对数字时代的共同愿景，明确使用技术的责任规范，提高社会网络安全能力和虚假信息应对能力，鼓励企业加强软件认证并遵守更严格的开发规范，并对新上网用户的数字卫生管理提出行动计划。

行动五：**实现全球深度数字合作**。数字合作可以尝试软治理机制先行，各方实现价值观、原则、标准和认证的全球共识，从而为后续的深度合作奠定基础。《报告》提出两项行动计划：一是完善全球数字合作机制，并在 2020 年通过"全球数字合作承诺"，健全全球数字合作架构的共同价值观、原则、理解和目标，增强各国内部数字治理的系统性，并逐步试点推广创新治理办法；二是通过多利益相关方的代表小组进行合作和监管，以实现问题应对的快速性和适应性。

第二节　五大启示

启示一：**须增强全民参与，共享发展红利**。数字经济在全球呈现不均衡、不充分的发展特征，加剧两极分化和收入不平等现象，加大先行者、标准制定者与后进国家、企业、人群的数字鸿沟。《报告》指出，各国政策制定者与利益相关者需要协力创造包容性的数字经济，为女性、老年人、残疾人、少数族裔、偏远贫困人口等人群参与数字经济创造更多机会，为欠发达地区提供公平公开的数字基础设施建设和数据公共服务，为中小企业参与市场竞争提供周到充分的电子商务、定制生产、物流、软件等技术服务，从而实现数字经济的普惠化发展。

启示二：须加强技能培训，提升全民素养。数字技术的蓬勃发展引领数字时代经济社会的快速变化，引发就业形态与思维价值观念的激烈变革，知识生产的速度和量级前所未有，给民众适应性带来极大挑战。《报告》指出，各国应加强对劳动者数字技能培训的广泛性，提升数字化工具和数字经济适应性的深入教导，加强零工经济和自由雇用的制度保障，加强儿童的社交能力、创造能力、合作能力和审辨性思维的培养，加强对民众终身学习的社会氛围的鼓励和学习方法的支持，从而提升民众的数字素养水平。

启示三：须增强政策创新，保持与时俱进。数字经济的发展打破了经济社会原有的时空限制，突破了资源环境的制约，从而在知识产权、即时监管、国际贸易、数字税收、数据流通等治理领域带来新挑战，尤其是数据跨境流通和数字税更是成了国际规则的矛盾焦点。《报告》指出，各国应加强数字治理的模式创新，可以考虑将数字业务规范为公用事业，以类同铁路、电力的方式进行监管，并加强对数字时代知识产权保护、数字税、数据跨境流通等规则标准的制定更新，从而实现政策体系对数字时代的适应与引领。

启示四：须规范数字监管，提升安全保护。数字时代，个人隐私权与企业获取数据改进服务的利益、政府出于执法和国家安全目的获取数据的利益之间的平衡和协调已经引起全球的紧密关注和热烈讨论，而网络攻击和数据欺诈更成为全球安全稳定的重要威胁。《报告》指出，各国应平衡个人隐私权、企业收益权和政府执法权的关系，加强数字监管水平，并在现有数字合作国际规范的基础上，深入推进执法合作，实现跨区域的国家网络安全保障，推动跨国企业的数据隐私保护和透明度公开，从而促进各方互信与数字安全。

启示五：须坚持全球一体，加强开放合作。数字时代，国际交流愈加密切，但国际数字治理合作仍停留在表面，多边合作制度难以落实，后进国家和边缘群体参与不足，在一定程度上加深了全球治理的数字鸿沟。《报告》指出，各国必须适应数字时代的相互依赖性要求，健全全球数字合作机制，促进全球数字贸易新规则制定与数字治理深度合作，鼓励在现有政府间论坛和机制的基础上，以确立共同的价值观、原则和发展理念为先导，以区域合作为试点，加强国际监督和协调，形成更加密切的数字合作。

第三节　对策建议

推进数字经济普惠共享。一是加强数字基础设施建设，加快通信网络与人工智能、物联网等新型基础设施的普惠化建设，提升交通、能源、水利等基础设施的数字化建设、监测与运营水平，缩小设施布设的区域差异和城乡差异；二是提升数据收集的广泛性和代表性，加快制定国内数字经济测算统计体系，探索数字治理的监测评估机制；三是完善数字公共服务体系建设，提升无障碍服务能力和水平，加强对弱势群体参与数字发展的政策支持和社会援助，引导企业加强针对特殊群体的供给侧创新，让老弱病残孕、贫困人口、中小企业等能够共享数字红利。

提升数字技能全民素养。一是加强对劳动者数字技能的教育培训支持，助力从业者加速适应数字化工具使用和数字技术的场景应用，建立健全零工经济和自由雇用的制度保障，加强待业者的数字服务和社会援助；二是加强义务教育的数字融合水平，从小培养儿童的数字化技能和思维，通过新型教学方式提升教育的精细化水平；三是鼓励全民终身学习，提升数字知识普及率，支持家庭、亲友及社区互助，加强社会公共教育培训，建设完善多条终身学习路径，提高全民数字素养。

完善数字经济政策体系。一是建立系统化的数字经济政策制定机制，加强多部门共同决策和责任管控，让更多相关部门能够参与政策制定，避免决策的偶然性和片面性；二是建立以项目管理为中心的部门联动机制，打破部门界限，加强政策执行的协调化转变，推进数字政策的跨地区、跨层级、跨部门协同；三是推动知识产权保护、数字产权、数字税、数据跨境流通等规则标准的制定更新，促进数字经济法制化不断细化完善。

强化数字经济安全保障。一是坚持包容审慎的监管原则，灵活调整数字安全与新业态发展之间的监管尺度及监管力度，给新业态发展留足空间；二是探索建立"政企学协研金介用媒"等主体对话协商、共同参与的管理制度，明确各方责任边界，平衡个人隐私权、企业收益权和政府执法权的数据应用冲突；三是推动在数据采集、数据存储与管理、数据分析与挖掘、数据运维及数据应用方面的法律法规和标准规范的制定健全，提高数字治理的即时性、精准性和高效性。

共建数字经济国际规范。一是积极参与全球数字治理交流协商，充分发挥既有全球和区域治理平台的沟通协商作用，推进网络安全领域合作，加强全球互联互通与共享共治，通过双边、多边合作推动全球数字合作的不断深入；二是严厉打击跨境数字诈骗、勒索和网络攻击等行为，加强跨国联合行动，推动网络空间"军控""裁军"等行动，推动数字安全和稳定；三是积极参与数字贸易和数字治理国际规则体系的构建，以广大发展中国家为基础，维护各国在数字领域的主权、安全和发展利益，推动共建网络空间命运共同体，增强数字规则国际话语权。

第三十章

Deepfakes 带来的影响与挑战

　　Deepfakes 是一种基于深度学习的人物图像合成技术，通过对目标对象的模仿，将其行动和说话方式生成一个新的合成音视频或图像，也被称为"人脸交换"技术。近年来，Deepfakes 技术不断进化，使用门槛不断降低，一些不法分子将其应用于制造假视频、假新闻，煽动网络暴力，破坏政治选举，扰乱外交关系，伪造虚假证据，降低民众对政府和媒体的信任度，带来了极大的负面影响。而区块链技术有望从根源上解决视频真伪鉴定问题，对抗 Deepfakes 造假的新型人工智能视频识别技术正逐步成熟，多国政府积极推动建立 Deepfakes 立法鉴定系统的努力正在起效。建议我国尽快明确定义 Deepfakes 的不正当使用及其后果，加强与社交媒体、新闻机构等机构共享 Deepfakes 信息，并积极推动人工智能造假溯源和 Deepfakes 对抗技术的探索研究。

　　"Deepfakes"是"deep machine learning"（深度学习）和"fake"（造假）的英文组合词，是一种基于深度学习的人物图像合成技术，最常见的应用就是在视频中把一张脸替换成另一张脸。Deepfakes 算法常常被运用在图片和视频制作过程中，根据目标对象的行动和说话方式合成视频或图像，算法可以学习的音视频示例越多，其数字模拟就越真实。随着人工智能技术的发展，Deepfakes 的技术门槛被不断降低，非专业人员已经可以利用简单的视频和开源代码快速制作以假乱真的视频和图像，使用 Deepfakes 技术制作的音视频很难被肉眼辨别真伪。Deepfakes 技术的滥用将带来一系列负面影响，我国应予以重视并必须提前布局应对。

第一节 负面影响

Deepfakes 技术正在不断进化。Deepfakes 是一套基于生成对抗网络的深度学习算法模型，可以实现模拟真人声音、图像视频内容替换、图像生成等造假行为，使用者利用 Deepfakes 技术可嫁接和重构视频内容的特性，将视频中的人脸进行替换，达到混淆视听的目的。Deepfakes 视频人脸替换的实质是将视频进行逐帧处理，达到换脸的效果，整个处理流程主要包括三个步骤：一是图像预处理，二是模型训练，三是图像融合。在生成视频前，神经网络需要对大量的目标任务图像数据进行学习，图像的数量、质量和多元性决定了神经网络的学习效果，即学习数据越多，模拟效果越逼真。Deepfakes 技术也在不断进化，基于新型无监督视频重定向方法（Recycle-GAN）的 Deepfakes 算法实现了对音视频材料空间信息和时间信息的抽取，改进了 Deepfakes 伪造视频的真实度，但该技术的应用目前尚不成熟。

Deepfakes 技术正面临滥用风险。近年来，Deepfakes 技术门槛不断降低，部分人将 Deepfakes 技术用于煽动网络暴力、破坏政治选举、扰乱外交关系、伪造虚假证据等不法用途，在"所见即真实"的认知定律下，虚假视频及新闻在社交媒体的加持下加速传播，使 Deepfakes 技术滥用的后果不断加剧（见表 30-1）。例如，2018 年 4 月，网络黑客运用 Deepfakes 技术伪造了美国前总统奥巴马言语攻击时任总统特朗普的视频，该视频在推特上短时间内被点击 200 多万次，对美国政府形象造成了极大的不良影响。2019 年，利用 Deepfakes 伪造的时任美国众议院议长佩洛西、时任美国总统特朗普等政要的虚假谈话视频纷纷出现在社交媒体上，被广泛快速传播。对 Deepfakes 技术的恶意应用还极大地影响了个人生活，2019 年 6 月，基于 Deepfakes 技术开发的应用程序 DeepNude "走红"网络，该应用可以自动消除图片中人物的衣物，可被应用于制作名人的虚假色情视频，对个人隐私及日常生活造成严重影响，目前该应用已被开发者禁用。此外，Deepfakes 还可被用来提供虚假证据，一些不法分子可以制作关于企业负责人行为不当的虚假视频，以此来要挟和敲诈企业。

表 30-1　Deepfakes 技术滥用的重大事件

时　间	事　件	影响/后果
2019 年 6 月	基于 DeepNude 应用程序消除女性衣物、制作不雅视频	侵害个人权益
2019 年 1 月	伪造特朗普演讲视频、伪造佩洛西演讲视频	扰乱美国政治秩序和国际外交秩序
2018 年 4 月	伪造奥巴马以言论攻击特朗普的视频	破坏政治选举，引发社会不信任

数据来源：赛迪智库，2019 年 8 月。

Deepfakes 的滥用将带来一系列负面影响。Deepfakes 技术滥用将对国家、社会和个人产生较为严重的负面影响。首先，Deepfakes 存在降低国家信誉、影响国家安全及国际形象的隐患。Deepfakes 技术可以让虚假的信息以高度可信的方式呈现在社会公众面前，从而操纵观众的情绪反应，引发社会广泛的不信任；此外，Deepfakes 可能被敌对势力利用，作为诋毁政党、煽动恐怖和暴力活动、挑拨国家矛盾的工具。2019年，美国外交政策研究所研究认为，Deepfakes 技术正被滥用于制作抹黑美国国家元首的视频，其在社交媒体上的大肆传播可能对美国总统大选存在影响，若放任伪造视频扩散，会极大挫伤选民的政治参与积极性。其次，Deepfakes 技术的滥用将对社会媒体的公信力产生动摇，加剧社会公众对记者和媒体的不信任，阻碍证据的呈现和对真相的报道，引发全社会的信任危机。再次，Deepfakes 技术将对个人权益造成严重损害。DeepNude 等应用对名人恶意污化，使受害人名誉、隐私严重受损，并使其承受着极大的精神折磨；同时，人脸识别技术已经在上班打卡、刷脸购物、支付、手机解锁等场景得到广泛应用，若 Deepfakes 技术被应用于上述领域，将对公民个人隐私、财产安全、生命安全等产生重大威胁。

第二节　风险挑战

从产业角度看，区块链技术有望从根源上解决视频真伪鉴定问题。对于 Deepfakes 造假视频的辨别，最有效的方式就是追溯视频源头。而区块链技术作为一种全新的分布式基础架构,利用块链式数据结构来验证与存储数据,利用分布式节点共识算法来生成和更新数据,利用密码学的方式保证数据传输和访问的安全,利用由自动化脚本代码组成智能合约,有分布式、开放性、独立性、安全性、匿名性等特点,在视频真伪鉴定领域有很大优势。利用区块链技术,可以对视频发布者进行哈希标记,哈希值可以被简单地理解为视频在全网中的唯一标志,可通过哈希值校验来辨别视频是否被修改。在区块链系统中,数据会被打包成一个数据区块并按照时间顺序依次排列,形成数据区块的链条,各参与主体拥有全部数据区块链条,单方面对链条中的数据无法进行修改,从而实现多主体间的信息共享和一致决策,确保信息的不可篡改、公开透明。因此哈希值的记录储存区块链恰好利用了区块链的特性,保证了视频的哈希值既是可以公开查询的,又是无法篡改的,为用户进行视频真假校验提供了极大的便利。

从算法角度看,对抗 Deepfakes 造假的新型人工智能视频识别技术逐步成熟。 目前,研究者正在利用 Deepfakes 的算法漏洞研制对抗识别算法,准确度已经达到 90%以上。南加州大学的研究人员发现,用于生成 Deepfakes 伪造视频的主流方法都是通过逐帧修改完成的,忽视了视频的连贯性,这会使生成视频中的人物移动不流畅,并且会出现抖动情况,他们利用该漏洞,训练出基于递归卷积神经网络的深度学习模型,该模型以人类说话时的面部移动特征为学习数据,能够自动检测视频的抖动和连贯性情况,该方法在判断 Deepfakes 伪造视频上的准确率超过 90%。加州大学伯克利分校的研究者构建了高度个人化的"软生物识别指标",并利用这些指标来区分真实视频和虚假视频。他们发现,人类讲话时会以微妙但独特的方式来移动身体,这些微小的动作全部在潜意识中完成,每个人都有其特有的运动轨迹,现有的 Deepfake 视频伪造技术并没有考虑该因素,以该特征训练神经网络模型能以 92%的准确率识别 Deepfakes 伪造视频。不过,虽然基于深度学习的 Deepfakes 识别技术的发展势头良好,但现有检测方法的准确率仍然不能充分满足现实需求。此外,IBM 基于 Debater 项目开发了人工智能造假探测器,并已投入使用,其客户可以利用 IBM Watson Studio 等各类解决方案开发高质量模型,防范包括 Deepfakes 在内的人工智能造假的威胁和欺诈活动。

从立法角度看，各国政府积极推动建立 Deepfakes 的立法鉴定系统。Deepfakes 的技术滥用已引起欧美多国政府监管层的重视，许多国家正酝酿出台法条应对技术滥用隐患。欧盟在打击 Deepfakes 产生的虚假新闻方面采取了有效的措施。2019 年年初，欧盟发布了一项打击虚假新闻的战略，包括应对 Deepfakes 的指南。该指南强调公众参与的必要性，帮助人们更容易分辨某条信息的来源及可信度。欧盟委员会还要求建立一个独立的欧洲事实核查机构，帮助分析网络内容的来源和创建过程等。美国政府高度重视反 Deepfakes 滥用的立法进程。2019 年 7 月，三位美国参议员向美国国家情报局局长撰写公开信，呼吁深入调查外国政府、情报机构和个人如何利用 Deepfakes 来损害美国的利益，并加以提前应对；2019 年 7 月 1 日，美国弗吉尼亚州政府正式宣布扩大化的复仇色情法生效，严禁制造和传播经过"深度伪造"的内容，该法律条文覆盖了利用 Deepfakes 等技术制作或操纵的视频和图像等，违法者最高可判处 12 个月的监禁并罚款 2500 美元。英国政府酝酿出台滥用数字技术和产品的法律，专门涉及制作和分享非自愿的亲密图像，英国立法机构将重点关注复仇性质的色情视频，以及利用 Deepfakes 算法生成的色情内容。

第三节　对策建议

须制定标准明确定义 Deepfakes 的不正当使用范畴及其后果。Deepfakes 算法正被广泛运用于不同领域，因此亟需推动全社会对 Deepfakes 接受范围的大讨论，明确规定 Deepfakes 的使用范畴，帮助社交媒体规范平台管理，对内容进行合规审核。在此基础上，我国应积极借鉴欧盟打击 Deepfakes 等人工智能造假指南文件的制定过程，加强 Deepfakes 概念界定和监管标准研制，增强人工智能算法的安全可控、透明可释、保护隐私、多元包容等伦理原则的可衡量性，同步建设相应的测评能力，对 Deepfakes 技术的侵权问题和法律界限进行约束和界定。

须加强与社交媒体、新闻机构、非政府监管机构等共享 Deepfakes 信息。我国应借鉴欧美多国的做法，在 Deepfakes 的来源方面加强与社交媒体、新闻机构等平台组织的信息共享，在 Deepfakes 虚假新闻形成规模传播前向上述平台发出警告，并同步共享给主流新闻机构，做到事前管理、事前预警，减少虚假新闻的波及范围。例如，美国于 2015 年通过的网络安全信息共享法案就允许平台在虚假信息传播至其他平台之前进行警告，并在虚假新闻传播至主流新闻圈前提醒新闻机构。

须积极推动人工智能造假溯源和 Deepfakes 对抗技术的探索研究。目前，区块链技术在虚假视频信息溯源中的应用尚在发展早期，没有成熟应用，而 Deepfakes 对抗算法的创新研究成果也主要出现在美国。例如，美国国防部高级研究计划局（DARPA）正在大力投资"反人工智能变脸计划"，确保侦测到最先进的人工智能造假技术。我国应积极参与并推动上述技术的研究实践，尤其应重视将国内区块链技术创新引导向人工智能造假的侦测、溯源和取证等方面，从而实现多主体间的信息共享和一致决策，确保信息的不可篡改、公开透明。

第三十一章

IBM 沃森项目困境

2019 年 4 月，一篇刊发于 IEEE Spectrum 名为《IBM 沃森在人工智能医疗方面的妄言与食言》的特别报告，引起社会对人工智能医疗应用前景的质疑。此前，分布于中国 22 个省级行政区域的 67 家医疗机构曾耗费巨资引进 IBM 沃森的产品，也被爆出存在导致患者死亡的风险。此次 IBM 沃森的受挫并非偶然，代表了众多人工智能企业从技术研发到应用落地的四大误区：一是夸大宣传，名实难副；二是急功近利，根基不稳；三是研产脱节，落地困难；四是迷信深度学习，以偏概全。

IEEE Spectrum 于 2019 年 4 月发表的特别报告《IBM 沃森在人工智能医疗方面的妄言与食言》一文中，细数了 IBM 沃森曾经设立的目标与现实难以兑现的窘境。此文一经发表，引发了产业界对人工智能高速发展背后所面临一系列问题的忧虑与反思。因此，有必要全面审视人工智能应用发展过程中出现的问题与思维误区，为后续的高质量健康有序发展提供借鉴。

第一节　三大困境

一是**发展后劲不足**。IBM 沃森成立之初前景被广泛看好。IBM 在 2011 年开始布局人工智能医疗，同时承诺将在 2 年内推出首批医疗保健产品。2015 年 4 月，IBM 成立独立的沃森健康部门，并于一年后投入约 40 亿美元收购包括 Explorys、Phytel 及 Merge Healthcare 等四家医疗数据公司。短短 4 年间，IBM 汇聚了人工智能医疗保健领域应用所需的技术、资源与人才，在智能诊断、临床决策等领域技术布局方面一路高歌猛进，成为媒体宣传和企业争相效仿的标杆。然而，IBM 曾经的承诺并未兑现，市场推广阻碍重重，面临治疗方案事故、营业收入下滑、相关业务快速收缩、高管离职及大幅裁员 70% 等诸多负面新闻，唱衰之声不断。

二是深度学习与医疗护理现实之间存在鸿沟，产品落地困难。IBM 沃森广泛开展项目合作，成果却十分有限。自 2011 年起，IBM 沃森已经发布了近 50 份关于智能医疗的合作研发公告，涉猎领域十分广泛，包括面向医生的临床决策支持工具研发以及面向消费者的健康管理工具研发等，旨在打造全面的新一代医疗保健产品。这些项目多为人工智能技术与医疗行业融合应用的首次尝试，虽具有重要价值与意义，但是多数项目至今尚未拿出可实现商用的医疗健康产品。2016 年，安德森癌症中心在花了 6200 万美元之后，依旧选择终止与 IBM 沃森的合作，只因在深层次合作研究之后发现深度学习与医疗护理的现实之间有着根本性的不匹配，深度学习无法独立地从医学文献的最新进展与患者的电子健康档案中提取有效信息。如表 31-1 所列为 2011 年至今 IBM 沃森合作项目状态总结。

表 31-1　2011 年至今 IBM 沃森合作项目状态总结

日　　期	合作伙伴	项　　目	状　　态
2011 年 2 月	纽昂司通信	诊断、临床决策支持工具	无使用中的产品
2011 年 9 月	安森保险（原 WellPoint）	临床决策支持工具	无使用中的产品
2012 年 3 月	纪念斯隆凯特琳癌症中心	癌症临床决策支持工具	Watson for Oncology
2012 年 10 月	克里夫兰诊所	医学生训练工具、临床决策支持工具	无使用中的产品
2013 年 10 月	安德森癌症中心	癌症决策支持工具	无使用中的产品
2014 年 3 月	纽约基因组中心	脑癌基因组分析工具	无使用中的产品
2014 年 6 月	GenieMD	消费级个性化医疗建议 App	无可用的 App
2014 年 9 月	梅奥医学中心	临床试验配对	Watson for Clinical Trial Matching
2015 年 4 月	强生	消费级术前术后指导 App、慢性病管理 App	无可用的 App

续表

日　　　期	合作伙伴	项　　　目	状　　　态
2015 年 4 月	美敦力	消费级糖尿病管理 App	Sugar.IQ
2015 年 5 月	Epic	临床决策支持工具	无使用中的产品
2015 年 5 月	北卡来罗纳大学等	癌症基因组分析工具	Watson for Genomics
2015 年 7 月	CVS 健康	慢性病护理管理工具	无使用中的产品
2015 年 9 月	泰华制药	药物开发工具、消费级慢性病管理 App	无使用中的产品、无可用的 App
2015 年 9 月	波士顿儿童医院	罕见儿科疾病的临床决策支持工具	无使用中的产品
2015 年 12 月	Nutrina	消费级孕期个性化营养建议 App	无可用的 App
2015 年 12 月	诺和诺德	消费级糖尿病管理 App	无可用的 App
2016 年 1 月	安德玛	消费级糖尿病管理 App	无可用的 App
2016 年 2 月	美国心脏协会	消费级工作环境下的健康管理 App	无可用的 App
2016 年 4 月	美国癌症协会	癌症治疗期的个性化指导 App	无可用的 App
2016 年 6 月	美国糖尿病协会	消费级糖尿病个性化管理 App	无可用的 App
2016 年 10 月	奎斯特诊疗	癌症基因组分析工具	Watson for Genomics from Quest Diagnostics
2016 年 11 月	新基	药物安全分析工具	无使用中的产品
2017 年 5 月	MAP 健康管理	药物滥用的复发预测工具	无使用中的产品

数据来源：IEEE Spectrum，赛迪智库整理，2019 年 7 月。

三是样本数据不足，数据获取渠道尚未打通。IBM 沃森用于技术研发的医疗数据资源十分有限，一方面由于癌症的病历数量相对其他常见临床病症来说本身就十分有限，可用于深度学习模型训练的成功的案例就更为罕见。另一方面，由于企业与医疗机构之间的有效沟通渠道尚未打通，获取病人真实病历面临多重阻碍以及高额的资本与时间投入。因此，IBM 沃森智能癌症诊断工具的大量训练时间用于掌握肿瘤学家设计出的理想化病历与治疗方案，即便是仅有的 635 例的真实病历数据也多集中于肺癌，不具备普适性。通过将 IBM 沃森的癌症治疗建议与医院肿瘤专家的建议进行比较发现，IBM 沃森的智能诊断方案差强人意。尤其是在韩国加钦大学吉尔医疗中心为 656 名结肠癌患者提供的诊断建议与医生的医疗方案，一致率不足一半，仅有 49%（见图 7-1）。

韩国加钦大学吉尔医疗中心
656名结肠癌患者

泰国康民国际医院
211名乳腺癌、胃癌、肺癌等患者

印度马尼帕尔综合癌症中心
638名乳腺癌患者

图 7-1　沃森健康癌症治疗建议与医院医生建议一致性对比
数据来源：IEEE Spectrum，赛迪智库整理，2019 年 7 月

第二节　四大误区

夸大宣传，名实难副。 不仅是以 IBM 沃森为代表的智能医疗行业，其他领域人工智能企业也多曾夸下海口。以无人驾驶为例，2018 年无人驾驶企业纷纷提出年内实现无人驾驶商业化运营的计划，然而看似是无人驾驶元年的 2018 年，却成了无人驾驶商用的平台期，所谓的"无人驾驶"实则为 L2、L3 的有条件自动驾驶，"商业化运营"也多为短期封闭园区内的应用示范，众多商业计划纷纷"跳票"，甚至还有几项在世人的瞩目下以失败告终。目前，业界尚缺乏统一的人工智能测试标准，其产品无法被量化评价，企业通过媒体、广告等手段对人工智能产品进行过分夸大宣传，不利于行业的长远健康发展。人工智能的确未来可期，只是目前应用落地尚处于探索阶段，终端产品的性能与用户体验仍需提高，过多的夸大宣传与造势炒作，一方面会给公众以不切实际的想象与期望，另一方面易引发资本界的无序跟风投机，进而激发行业泡沫。

急功近利，根基不稳。 人工智能的技术能效很大程度取决于模型训练的数据数量与质量。然而很多情况下，高质量的数据样本非常稀缺，且获取数据的过程面临重重阻碍，相关企业对此类基础环节不够重视，在投入与积淀严重不足的情况下，急切地将尚不成熟的产品推向市场，引发一系列"质量"问题，为人工智能技术商业化落地平添阻碍。截至

2018 年 5 月 8 日，我国人工智能企业为 4040 家，其中拿到风险投资的人工智能企业仅有 1237 家，仅占 30%，仍有 70%的公司拿不到风险投资。全球新增人工智能企业数量自 2016 年达到 2733 家这一巅峰后，便开始逐年下降，随着人工智能创业热潮趋于理性，未来市场将会更加注重核心技术与落地能力，急功近利的布局策略终难以在市场立足。

研产脱节，落地困难。目前除了计算机视觉、深度学习等相对成熟的人工智能技术所催生出的智慧安防、智慧交通、精准营销等垂直应用场景外，医疗、制造业等大多数传统行业的业务需求与人工智能的前沿科技成果之间尚存在较大鸿沟，人工智能技术的全流程应用尚未实现。据统计，目前人工智能技术多聚焦于计算机视觉，其中 68%的计算机视觉技术集中应用于智慧安防、智慧交通等场景。多数人工智能创新成果与实体经济融合尚在起步阶段，应用环境有待打造，人工智能创新成果在行业推广应用时，仍面临数据、标准、资质、安全评估等多种壁垒。

迷信深度学习，以偏概全。深度学习仅是实现人工智能的路径之一，并非一项完美的技术路径。一方面，当前的深度学习本质上是一项黑盒技术，其训练过程具有难以解释、不可控制的特点，且随着人工智能的应用复杂度、需求数据量的指数式增长，机器学习尤其是基于多层神经网络的深度学习的复杂程度愈发超出人类理解和控制范畴，在快速进化的过程中极易偏离人类为其预设的轨迹。另一方面，基于深度学习的人工智能技术过度依赖数据，而数据建模与真实生活之间却很难直接画上等号，进行数据采集时也很难保证完全合理。如亚马逊智能简历筛选工具涉嫌歧视女性，就是由于过去 10 年中，男性在科技行业的从业人数占主导地位，用于训练的样本数据中的大部分简历来自男性，导致其误以为女性简历不具备竞争力，在抓取关键词时更偏向男性。

第三节　对策建议

筑根基。人工智能发展要一步一个脚印地走，强化人工智能基础性研究，切勿急功近利。一是以技术基础理论、算法为核心，系统谋划和组织攻关，促进共性技术研发和应用推广，夯实发展基础。二是构建人工智能算法开发所需的数据资源、基础设施等关键环节，推动人工智能软硬件平台及生态建设。三是前瞻布局脑科学、计算机科学等领域的基础理论研究，探索人工智能发展的最优路径与根本目标。

促应用。 积极培育人工智能创新产品和服务，推进人工智能技术产业化，形成科技创新和产业应用互相促进的良好发展局面。一是聚焦智慧交通、智能家居、智慧安防等需求明、范围广、基础好，可形成示范带动效应的领域，积极推广人工智能技术应用。二是结合重大活动等契机，提供更多有代表性的应用场景，为人工智能创新成果提供展示与示范应用平台，推动其实用化、产业化。

强监管。 一是建立涵盖智能医疗、智能金融等多种人工智能应用在内的市场准入量化标准，避免出现"伪人工智能"等违规应用。二是建立健全法律法规，确保人工智能技术在转换为商业化产品的过程中始终安全可靠，规范人工智能产品宣传，避免以次充好、误导消费者。

第三十二章

脸书发布加密货币 Libra 项目

2019 年 6 月 18 日，脸书发布名为 Libra 的加密数字货币白皮书，从使命、机制、技术等方面对 Libra 进行了阐释。脸书旨在将 Libra 项目打造成服务于全球数十亿人的支付生态与金融基础设施，该种具有颠覆性的支付生态将对现有移动支付的精准营销造成冲击、不利于我国移动支付企业"走出去"，且将对移动支付结算体系和监管体系构成挑战。为此，应从提升移动数据监管水平、助力我国移动支付企业国际化、制定外汇管制应急预案等方面做好应对。

第一节 主要内容

Libra 项目基于安全、可拓展和可靠的区块链技术，解决现阶段跨境转账与支付面临的一系列问题。一方面，Libra 区块链基于优化的"拜占庭容错"机制，每一个节点都会与其他节点不断重复进行信息的交换和验证，保证所有验证节点共同维护 Libra 区块链网络。该模式可以保证 Libra 区块链网络内的节点以更快的速度达成共识并保证全网较高的吞吐量。另一方面，Libra 区块链采用专门为数字资产设计的全新 Move 编程语言。Move 是一种静态类型语言，可实现对编程逻辑的有效约束，简单的程序漏洞可以在编译的过程中提前被检测出，而不是等到执行程序时才被发现。此外，Move 从设计上可有效防止数字资产被复制，每个资源只有唯一的所有者，且资源只能花费一次。因此，Move 可以可靠地执行 Libra 生态系统的管理规则，大幅降低出现意外漏洞或安全事件的风险。

Libra 项目的使命是建立一套简单的、无国界的 Libra 货币体系。Libra 虽本质上是基于区块链技术加密的数字货币，但与大多数加密货币存在两点重要区别。一是传统的加密货币是一种投资品，而 Facebook Libra 在继承了加密货币快速汇款、密码安全以及轻松实现跨境转移资金等特质的同时，其核心用途是支付与转账。针对脸书本身庞大的用户群体，联合 VISA、MasterCard、PayPal 等支付联盟，面向旅游出行、网约车、音乐、网购等常见支付场景。二是 Libra 只能通过法定货币 1:1 购买，法定货币也将转入储备金。对于每个新创建的 Libra 加密货币，在 Libra 储备中都有相对应价值的银行存款和短期政府债券，以此建立人们对其内在价值的信任。Libra 储备可有效维持 Libra 加密货币的价值稳定，确保其不会随着时间剧烈波动。储备资产的利息将用于支付系统的成本、确保低交易费用、分红给生态系统启动初期的投资者，以及为进一步增长和普及提供支持。

Libra 项目由 Libra 协会（Libra Association）进行分布式管理，从而减少垄断担忧，保证储备安全。Libra 协会是一个由脸书发起的非营利性成员制组织，目前已经公布的合作伙伴有 28 家（见表 32-1）。该协会总部设在瑞士日内瓦，由多元化的独立成员参与运行，旨在协调和提供网络与资产储备的管理框架，并牵头进行能够产生社会影响力的资助，为普惠金融提供支持。企业向脸书缴纳 1000 万美元的会员费用后便可入会，并获得理事会的 1 票表决权，单个创始会员只能获得 1 票或者 1%的总票数，可有效防止财团垄断。

表 32-1　Libra 协会成员单位表

行　业	协会成员单位
支付业	MasterCard
	PayPal
	PayU（Nasper's fintech arm）
	Stripe
	VISA
技术与交易平台	Booking Holdings
	eBay

行　　业	协会成员单位
技术与交易平台	脸书/Calibra
	Farfetch
	Lyft
	Mercado Pago
	Spotify AB
	Uber Technologies,Inc.
通信	Iliad
	Vodafone Group
区块链	Anchorage
	Bison Trails
	Coinbase,Inc.
	Xapo Holdings Limited
风险投资	Andreessen Horowitz
	Breakthrough Initiatives
	Ribbit Capital
	Thrive Capital
	Union Square Venture
非营利组织、多边组织和学术机构	Creative Destruction Lab
	Kiva
	Mercy Corps
	Women's World Banking

数据来源：Libra 白皮书。

第二节　主要影响

Libra 稳定币的加密属性将对基于移动支付的精准营销造成冲击。移动支付在账户范式下对个人信息的收集和使用导致个人信息确权难、保护难，容易在未经合理授权的情况下被使用，或者从甲业务中收集到的数据被用于乙业务，个人隐私难以得到有效保护。此外，持有个人信息的机构如果安全保障不足，可能造成个人信息被窃取。而 Libra 区块链允许用户持有一个或多个与他们真实身份无关的地址，不同的地址对应着不同的用户。密码学技术保证了地址的匿名性，只有具备相应权限的用户才能操作地址。用户的支付数据将真正掌握在消费者本人手中，此前未经授权许可的情况下，利用移动消费支付数据实现精准营销的商业模式将会随着 Libra 支付生态的普及而失效。

Libra 打造颠覆性的全球支付生态，不利于传统移动支付企业拓展新市场。目前支付宝、微信等移动支付方式仍然需要与银行合作并绑定法币，且移动支付背后仍然需要依赖第三方机构做清结算，而 Libra 不依赖第三方支付结算机构，只要是互联网普及的地区，所有交易可直接在区块链上完成，既可以做到交易记录的透明和永久保留且不可篡改，又便于追踪。脸书将主动权完全掌握在自己手里，可避开高额的手续费的壁垒以及繁复的操作流程，有利于支付生态的构建。此外，脸书遍布全球的 20 亿名用户将成为其打造惠普全球的支付生态的巨大的助力。不仅如此，脸书还联合包括主要支付平台与商家的创始盟友，打通了从支付到消费的通道，可快速填补全球移动支付空白地区，将对我国移动支付企业"走出去"战略产生冲击。

Libra 将对各国移动支付结算体系、金融监管体系构成巨大挑战。一直以来，银行账户都是各国制定货币政策、进行支付结算及金融监管的根基。Libra 币及 Calibra 钱包将使货币流通和货币支付完全脱离银行支付系统，成为全世界首个真正脱离银行系统、实现闭环交易的移动支付方式。若未来 Libra 逐渐实现普及，使用 Calibra 钱包的用户越来越多，将架空各国的银行支付结算体系。同时，对于各国中央银行而言，也将对 Libra 币的流通、Calibra 钱包的货币储备失去掌控。此外，Libra 加密货币的匿名性将致使洗钱、走私、恐怖融资等行为难以被察觉。Libra 用户享有匿名性，可隐藏用户的交易身份和交易金额，一人可同时持有多个账户，与现实世界的真实身份可以毫无关联，而交易过程中涉及的客户账户、支付机构、交易平台繁多，极易规避正规金融监管。

第三节　对策建议

提升对移动支付数据的监管水平。急需加强移动支付数据监控体系建设，建立包容审慎的监管框架，建立协同监管机制。同时加强与各国央行及国际组织的监管合作，以确保支付交易透明化，积极应对 Libra 的监测和管理。

助力我国移动支付企业国际化。鼓励移动支付企业联合运营，协同拓展"走出去"，快速提升输出技术能力。通过政策供给和国际合作，积极推动国内支付账户绑定外币卡，实现人民币的可兑换，助力中国移动支付企业拓展国际市场。

做好外汇管制应急预案。强化外汇平台管理，规范加密货币交易环节，针对区块链技术的每个难点和风险点做好预案，确保外汇监管全面到位，保证风险可控，避免对经济稳定产生冲击。

展　望　篇

第三十三章
主要研究机构预测性观点综述

第一节　综述型预测

一、Gartner（高德纳）

信息技术研究和顾问公司 Gartner（高德纳）是全球权威的 IT 调研与咨询服务公司，在分析发展趋势与技术方面拥有数十年的丰富经验。高德纳高度关注具有巨大潜力的战略技术趋势，预计这些技术的高度波动性在未来五年内达到临界点。Gartner 公布了企业机构在 2020 年需要研究的重要战略科技发展趋势，并将战略科技发展趋势定义为具有巨大颠覆性潜力、脱离初期阶段且影响范围和用途正在不断扩大的战略科技发展趋势，这些趋势在未来五年内迅速增长、高度波动。

Gartner 发布的 2020 年十大战略科技发展趋势中有多项与互联网产业相关。其一是透明度与可追溯性（Transparency and Traceability），越来越多的消费者意识到其个人信息的价值并提出控制个人信息的要求。企业机构也认识到了保护与管理个人数据的风险日益增加，而政府正在实施严格的法律法规确保企业机构做到这一点。透明度与可追溯性已成为支持此类数字道德与隐私需求的关键要素。其二是分布式云（Distributed Cloud），分布式云指的是将目前集中式的公有云服务分布到不同的物理位置，原来的公有云提供商继续负责分布式云的运营、治理、更新和迭代。这对于目前大多数公有云服务所采用的集中式模式是一次巨大的转变，并且将开辟云计算的新时代。其三是实用型区块链

（Practical Blockchain）可以通过实现信任、提供跨业务生态透明度和生态价值交换、降低成本、减少交易结算时间及改善现金流来重塑整个行业。由于可以追溯资产的来源，因此"以次充好"的概率大幅降低。资产追踪对于其他领域也具有很大的价值，包括追踪食物在整条供应链中的足迹以识别污染来源、追踪零部件以协助产品召回等。区块链还可用于身份管理。区块链中的智能合约可以使系统在事件发生时自动触发行动，如在收到货物时付款等。

二、CB Insight

CB Insight 是全球知名的市场研究机构和创投研究机构，其数据报道和榜单受到广泛关注并被大量引用。通过回顾过去的简报、数据和研究报告，CB Insight 提出了 2020 年影响科技行业的 14 项技术趋势，涵盖数据科学、医疗科技、虚拟现实、增强现实、人工智能、新一代机器人、数字货币等领域。与互联网产业相关的主要有以下四项。一是增强现实/虚拟现实迎来新浪潮，5G 将重构工作方式。2020 年，因为大量的虚拟协作工具、交流工具及生产力提升工具的出现，人们的工作世界变得越来越小。在纽约、伦敦等大型国际城市中，越来越多的企业选择让员工远程工作。更强的增强现实和虚拟现实技术，可以让远程工作的办公室一族体验到逼真的"办公室"感。二是"杀戮无人机"（Slaughterbots）、勒索软件、蠕虫病毒等网络风险正在影响着公共安全。得益于技术的进步，许多基于软件的武器，如机器人、无人机、蠕虫病毒、勒索软件等正在大量涌现，勒索软件尤其猖獗，而且它会对现实世界造成直接的经济损失。三是人工智能的偏见引发监管部门的高度关注，人工智能只有在训练数据优质的情况下才会发挥其积极的效用。在某些情况下，当训练数据有很大信息鸿沟或者偏见的时候，人工智能就会"跑偏"，科技巨头的人工智能产品有时候也不能幸免。四是加密货币逆袭，作为另一种策略，各国央行已经开始采取行动，尝试使用数字货币。

三、IDC

IDC 对 2020 年及以后的全球信息技术行业发展的数字化趋势作出

了十个方面的预测。一是到 2024 年，80%的数字高级组织将用自助服务模式取代"围墙花园""IT 即是推动者"的模式。二是到 2023 年，65%的 CIO 将成为企业领袖，他们将把自己的组织发展成卓越的数字中心，推动企业范围内的合作和创新。三是在不断升级的网络威胁和所需的新功能的推动下，65%的企业将在 2023 年之前，通过大量的新技术平台投资，积极更新遗留系统。四是到 2023 年，作为其多云方法的支柱，70%的 IT 组织将实现一个战略性的容器/抽象策略/API 剧本，以增强应用程序的可移植性和托管灵活性。五是到 2022 年，70%的 IT 组织必须从建设者和运营商转变为定义每一个产品、服务或过程的数字解决方案的设计者和集成商。六是到 2023 年，80%的 IT 组织将加速软件开发，使它们能够至少实现以周为单位的代码更新和修订（缩短代码更新和修订的时间）。七是到 2022 年，随着创新成为颠覆的同义词，40%的 CIO 将在他们的组织中共同领导创新。八是到 2022 年，部署人工智能（AI）来增强、简化或加速 IT 操作将成为 60%的企业 IT 组织的主要转换计划。九是到 2024 年，75%的 CIO 将重塑所有 IT 资源，包括预算、资产和人才，以支持实时资源分配和企业敏捷性，大幅降低固定成本。十是到 2023 年，60%的 CIO 将实施正式的员工体验计划。

四、埃森哲

埃森哲发布的《埃森哲技术展望 2019》以"新数字时代的人与技术：企业如何破解技术冲突困局"为主题，预测了未来三年内将给企业带来颠覆性影响的重要技术趋势，报告指出，尽管技术越发融入生活的方方面面，但企业满足人们需求和期望的努力仍有可能落空。在商业全面数字化的新十年，要想充分发挥数字技术的效力，企业必须转变新思维、采取新方法。埃森哲指出，如不改变现有模式，企业失去的不仅仅是客户和员工的认可，更可能彻底丧失未来创新和增长的潜能。本年度报告进一步揭示了如下五大重要趋势，帮助企业破解技术冲突，与各方建立更牢固、更互信的关系，实现新商业价值。一是"我体验我做主"，企业积极打造个性化体验，而用户渴望拥有更多话语权和选择权。企业应当打破以往主观单向的体验设计方式，与用户合力打造体验。近九成（89%）的受访中国企业高管人员认为，通过让用户共同参与体验设计，与其建立长期伙伴关系将是未来十年的制胜之道。二是人工智能与我，人工智能不再是简单的流程自动化，而将成为与人类互动的强大协作工具，进一步优化人们的工作方式。随着人工智能应用场景的不断拓展和增强，企业必须重新思考人工智能的价值，将其视为组织变革的创新引擎，并且构建人机交互的信任感和透明度。目前，有 55% 的中国企业表示，其会在包容性设计或以人为本的原则下开展人机协作。三是智能产品困境，在一个智能产品不断迭代的时代，用户不再默认对产品拥有绝对的所有权。对于将目光瞄准新一代数字化体验产品的企业而言，给用户提供的价值不能停留于产品硬件，而是要提供长期服务。有 82% 的中国企业高管人员表示，未来三年，企业的智能互联产品和服务将加大更新迭代的频率和幅度。四是机器人总动员，机器人应用已走出仓库和工厂，5G 技术将极大地加速这一趋势，企业应当探索机器人潜力，拓展新的业务领域。对于机器人的普及应用，消费者态度不一。超过六成的中国受访者表示，机器人将使生活更加便捷、高效和有趣。但同时，也有 31% 的受访者表示，如何与机器人协作将是一个严峻的挑战。五是培育创新基因，如今，前所未有的颠覆性技术（如分布式账本、人工智能、扩展现实和量子计算等）可以加快企业的数字化转型和其他技术应用，企业需要培育独有的创新基因来把握这些技术所带来的市场机遇。四分之三（75%）的中国企业高管人员认为，创新的重要性日益凸显，企业需要改变创新模式，与合作伙伴和第三方组织一起构建更紧密的生态系统。

第二节　专题型预测

在移动互联网方面，QuestMobile 作为中国专业的移动互联网商业智能服务商，于 2020 年 4 月 22 日发布了《2020 中国移动互联网春季大报告》，其数据显示，2020 年第 1 季度，娱乐、教育、办公、公益、医疗、经营、生活、脱贫、政务、资讯无不快速线上化、"云化"，移动互联网月活跃用户数在 2019 年春节触达 11.38 亿人并且进入长达一年的稳态波动之后，在 2020 年 3 月，成功突破 11.56 亿人。同时，月人均单日使用时长从 2019 年的 5.6 小时增加至 7.2 小时，增幅为 28.6%。

同时，虽然疫情等黑天鹅事件给经济带来强烈震动和不确定性，但是移动互联网正在发挥更积极的作用，协助社会各界解决生产生活问题、提高生产生活效率。对比 2003 年的非典疫情，中国互联网基础设施的普及度极大提高，积极辅助国家的防控政策，保障人民的正常生活，持续为社会传递正能量；受疫情影响，互联网企业主动深入模式创新和底层技术创新，为社会效率提升和发展产生更大的推动作用。

在电子商务方面，直播电商成为新的热点。2020 年，中国直播电商交易规模预计达到 9160 亿元。相对于其他电商模式，直播电商具有传播路径更短、效率更高等优势，商家、平台、主播和消费者四方都将直接受益于直播电商模式。相对于传统电商模式，直播电商模式在商品呈现、时间成本、社交方式、购物方式等多个方面都具有显著的优势，直播电商不是新生的媒介渠道，而是一直存在的媒介渠道，近年的发展让直播电商更加多元化。中国电商直播行业的平台主要分为两大类，一类是电商平台，通过开通直播间，引入内容创作者，直播电商是"电商+直播"；另一类是内容平台，通过接入第三方电商平台来布局"直播+电商"的运营模式。2019 年"双 11"全天直播带动成交近 200 亿元，其中，亿元直播间超过 10 个、千万元直播间超过 100 个。"双 11"启动仅 63 分钟，直播带动的成交额就超过了 2018 年"双 11"全天成交总额。

在云计算方面，Forrester 对 2020 年的云服务趋势做出了三点预测。一是阿里巴巴或将赶超谷歌，IBM 和 Oracle 继续坚守熟悉的领域。IBM 和 Oracle 不会退出目前由 AWS、微软、谷歌和阿里巴巴主导的超大规模公共云市场。二是开源云原生开发将聚焦于 Service Mesh 和无服务器（Serverless）。三是云管理者必须而且将要解决云安全问题。AWS 的 Capital One 漏洞已引起人们对云管理挑战的关注：在日益混合的云世界中保护应用程序和数据。超大规模云领导者将加大对本机安全产品的投资，而跨云管理提供商则必须购买、构建和/或获得超越身份和访问管理的安全功能。2019 年已经有一些安全行动浮现，当时 VMware 收购了 Carbon Black，以在其云管理、虚拟化和容器产品中注入安全性。

在人工智能方面，罗兰贝格、埃森哲、Gartner、百度等多家机构此前针对 2020 年的发展进行了分析预测，主要观点如下：一是人工智能技术已发展到可大规模生产的工业化阶段，2020 年出现多家"人工智能工厂"；二是 2020 年是人工智能芯片大规模落地的关键年，最近几年，人工智能芯片已经逐步达到了可用的状态；三是深度学习技术深入渗透产业，并大规模应用，深度学习是当前人工智能领域最重要，也是被产业界证明最有效的技术。以深度学习框架为核心的开源深度学习平台大大降低了人工智能技术的开发门槛，有效提高了人工智能应用的质量和效率；四是量子计算将迎来新一轮爆发，为人工智能和云计算注入新活力，随着"量子霸权"的成功展示，量子计算在 2020 年迎来新一轮的爆发。量子硬件方面，可编程的中等规模有噪量子设备的性能会得到进一步提升并初步具备纠错能力，最终将可在上面运行具有一定实用价值的量子算法，量子人工智能应用也将得到很大的发展。

第三十四章

我国互联网产业发展形势展望

2019 年，我国互联网领域在继续保持快速发展的同时，加速回归理性和价值，低线城市市场迎来了电子商务新增长，5G 网络部署推动产业加快布局，"互联网+政务服务"迈入发展新阶段，网络治理规范化和能力进一步增长。展望 2020 年，我国互联网产业发展将步入新的发展阶段，5G、产业互联网、中美贸易等机遇和挑战因素叠加将会让互联网产业发展出现更多的不确定性，互联网与实体经济进入全面深度融合期，关键核心技术有望取得一定规模突破，网络治理能力将全面增强。

第一节　互联网产业发展将继续回归理性和价值

2019 年，在经济下行、自身泡沫压缩、行业监管等多方面因素的影响下，曾经的互联网热点进入调整淘汰期。如靠摩拜、小蓝单车等融资驱动的共享经济泡沫破灭、巨额亏损后纷纷涨价以求生存；共享办公相关企业业务大多不及预期，纷纷进行缩减。P2P 网贷领域，少有机构能达到银监会备案要求，湖南、山东、重庆先后取缔本地全部的 P2P 网贷机构。知识付费领域内容同质化日益严重，App 使用率、复购率不断下降。此外，百度、京东、滴滴、优酷、爱奇艺等多家骨干企业均不同程度裁员。互联网行业投融资市场活跃度同比明显下降，据有关机构数据显示，2019 年第三季度，我国融资数量下降了 63.04%，融资规模下降了 32.45%。

上述现象是互联网螺旋式发展的体现，2020 年，各细分领域继续加速优胜劣汰进程。P2P 网贷在合规备案下将加快清退进程，共享经济进入重在运营、力争盈利的阶段，直播、知识付费等内容平台更加精耕细作、打造精品。经历野蛮生长带来的阵痛和教训后，我国互联网产业进入更加成熟的发展阶段，企业和投资方都将告别投机浮躁、多些冷静踏实，以用户需求为中心，打造真正带来价值的产品和服务。

第二节 低线城市市场将为电子商务带来高增长

2019 年，电商进入存量竞争时代，在流量红利即将消失、增长放缓、获客成本日益增高的形势下，中小城市和农村地区成为拓展增长空间的主战场，各电商巨头纷纷加快渠道下沉。阿里巴巴整合聚划算、淘抢购、天天特卖三块业务，加速下沉，2019 财年超过 1 亿名的新增用户中有 77% 来自三线及以下城市。京东上线瞄准下沉市场的社交电商"京喜"，截至 2019 年 11 月，其 75% 的用户来自低线城市。依靠并主打下沉市场的拼多多，在 2019 年股价涨幅超过一倍，市值超过百度和京东。

2020 年，各互联网巨头继续展开下沉市场的争夺，在短视频直播、拼团乃至"0 元砍""拉人头"等过度消耗用户时间和精力的营销模式作用下，下沉市场空间得到迅速释放，阿里天猫、拼多多、网易考拉等巨头在下沉市场的格局也基本趋于稳定。电子商务在迎来这些增量市场带来的高增长后增速将放缓，进入更加注重质量和服务的新阶段。

第三节 5G 等新兴技术应用有望催生更多新业态

2019 年，工业和信息化部发放 5G 商用牌照，我国正式进入 5G 商用元年，5G 产业化基本准备就绪。运营商陆续推出了 5G 资费套餐。截至 2019 年 12 月底，我国三大基础电信运营商已在全国开通 13 万个 5G 基站，首批开通 5G 的城市达到 50 个。5G 终端产业已经基本成形，5G 手机等多类型 5G 终端已规模量产并逐渐上市。

2020 年，在各方的持续推进下，5G 加快走向应用落地。其超大带宽、高可靠低时延、海量互联等特性，将与大数据、人工智能、边缘计算、高清视频、虚拟现实、区块链、工业互联网等新技术交叉融合，向制造、交通、医疗、消费、娱乐等领域不断渗透，拓展全息通信、智能网联汽车、智能制造、智慧医疗等领域应用。此外，如同 4G 商用时难以预测移动支付、短视频等业态的涌现，随着 5G 的推广应用，也将催生出诸多目前预想不到的新业态，为数字产业化和产业数字化发展开拓新空间。AR 和 VR 可以增强在线购物环节的产品体验，5G 的快速发展成为 VR、AR 再次大热的"助燃剂"，推动电子商务行业客户和企业展开网零售新模式。随着《促进新一代人工智能产业发展三年行动计划（2018—2020 年）》的逐步落实，互联网企业将紧抓人工智能相关政策发展机遇，加速智能网联汽车、医疗影像辅助诊断系统、智能语音交互系统、智能翻译系统等"智产品"布局，神经网络芯片、开源开放平台等关键环节技术研发及智能制造等行业应用迎来爆发期。

第四节 "互联网+政务服务"推动政府数字化转型

2019 年，全国一体化在线政务服务平台整体上线试运行，已连通 31 个省级行政区域及新疆生产建设兵团、40 余个国务院部门政务服务平台，接入地方部门 300 余万项政务服务事项和一大批高频热点公共服务。各地围绕"一网通办""掌上办"等目标纷纷出台战略规划，加大力度推动数字政府建设，取得了明显成效。如广西壮族自治区 90%的政务服务事项已实现"一网通办"，事项办理时间比原来的平均减少了 50%。2019 年 6 月，数据智能机构零点有数发布了全国 36 个城市的大数据智能服务机构服务质量监测结果，该结果的发布是政府数字化转型的典型表现，政府数字化转型是党和国家战略导向所在、变革方向所在，数字化建设充分应用物联网、云计算等现代信息技术，加快深入推进"互联网+政务服务"，加快政府信息系统互联互通，打通信息孤岛现象。

2020 年，在全国一体化在线政务服务平台运行的带动下，各地数字政府推进将进一步提速，各地区的部门平台与国家平台将加快对接，政务服务事项加速向网上迁移，数据共享和业务协同加快推进，纵向贯通、横向协同的全国一体化在线政务服务平台将基本建成，助推打造整体协同、高效运行的数字政府，促进政府决策科学化、治理精准化、公共服务高效化。

第五节　规章制度完善促进网络环境日益净化

2019 年，国家互联网信息办公室先后起草或印发了《App 违法违规收集使用个人信息行为认定方法（征求意见稿）》《个人信息出境安全评估办法（征求意见稿）》《儿童个人信息网络保护规定》《网络生态治理规定（征求意见稿）》等多个政策法规，针对当前互联网乱象集中领域或重点待解决问题明确管理要求。同时，各部门积极开展常态化网络执法，如中央网信办、工业和信息化部等四部门联合开展 App 违法违规收集使用个人信息专项治理，公布了一批违规 App 并责令限期整改。

2020 年，随着上述征求意见稿与法规的正式颁布和更多法规的制定，网络治理、信息保护等方面制度将更加完善，进一步弥补监管空白，为政府执法和用户维权提供法规依据。伴随法规的出台，预计相关专项治理工作将以常态化开展，互联网企业将在合规经营方面投入更多的资源力量，用户个人保护意识也将逐渐提高。在监管部门、企业、用户等各方维护网络秩序的努力下，天朗气清的网络空间有望早日到来。

后　记

　　《2019—2020 年中国互联网产业发展蓝皮书》由中国电子信息产业发展研究院编著完成。作为一年一度的系列成果，本书展现了赛迪智库对互联网产业的跟踪研究进展，为相关行业主管部门和业界人士提供2019—2020 年互联网产业发展的政策支撑信息，特别是对工业互联网、人工智能、互联网治理等新兴领域的动态进行跟踪和研究，通过对全球和我国最具影响力的互联网企业最新战略进行解析，厘清互联网产业最新趋势，为了解和推动互联网产业发展提供帮助。

　　本书主编为张立、副主编为陆峰，参与本书编写的人员有温晓君、陆峰、余雪松、李艺铭、王茜、徐永健、赵燕、张金颖、石岩、周斌、李雅琪、王翠林、苏庭栋、王凌霞、王丽丽、郑子亨、张甜甜、陈炎坤等。本书的编写得到了各省市自治区经信委、相关互联网企业、中国电子信息产业发展研究院软科学处的大力支持及协助，经王安耕专家审稿，在此一并表示诚挚感谢。

　　本书的内容和观点虽然经过广泛且深入的讨论，在编写过程中也经过多次修改和提炼，但由于涉及领域宽、研究难度大，有些成果还有待时间考验，加之编者的理论水平、眼界和视野所限，难免存在缺点和不足，敬请广大读者批评指正。

反侵权盗版声明

  电子工业出版社依法对本作品享有专有出版权。任何未经权利人书面许可，复制、销售或通过信息网络传播本作品的行为，歪曲、篡改、剽窃本作品的行为，均违反《中华人民共和国著作权法》，其行为人应承担相应的民事责任和行政责任，构成犯罪的，将被依法追究刑事责任。

  为了维护市场秩序，保护权利人的合法权益，我社将依法查处和打击侵权盗版的单位和个人。欢迎社会各界人士积极举报侵权盗版行为，本社将奖励举报有功人员，并保证举报人的信息不被泄露。

举报电话：（010）88254396；（010）88258888

传　　真：（010）88254397

E-mail：　dbqq@phei.com.cn

通信地址：北京市海淀区万寿路 173 信箱

     电子工业出版社总编办公室

邮　　编：100036

赛迪智库

面向政府 服务决策

思想，还是思想
才使我们与众不同

《赛迪专报》	《安全产业研究》	《产业政策研究》
《赛迪前瞻》	《工业经济研究》	《军民结合研究》
《赛迪智库·案例》	《财经研究》	《工业和信息化研究》
《赛迪智库·数据》	《信息化与软件产业研究》	《科技与标准研究》
《赛迪智库·软科学》	《电子信息研究》	《无线电管理研究》
《赛迪译丛》	《网络安全研究》	《节能与环保研究》
《工业新词话》	《材料工业研究》	《世界工业研究》
《政策法规研究》	《消费品工业"三品"战略专刊》	《中小企业研究》
		《集成电路研究》

通信地址：北京市海淀区万寿路27号院8号楼12层
邮政编码：100846
联系人：王乐
联系电话：010-68200552　13701083941
传　　真：010-68209616
网　　址：www.ccidwise.com
电子邮件：wangle@ccidgroup.com

赛迪智库

面向政府 服务决策

研究，还是研究
才使我们见微知著

规划研究所	知识产权研究所	安全产业研究所
工业经济研究所	世界工业研究所	网络安全研究所
电子信息研究所	无线电管理研究所	中小企业研究所
集成电路研究所	信息化与软件产业研究所	节能与环保研究所
产业政策研究所	军民融合研究所	材料工业研究所
科技与标准研究所	政策法规研究所	消费品工业研究所

通信地址：北京市海淀区万寿路27号院8号楼12层
邮政编码：100846
联系人：王 乐
联系电话：010-68200552 13701083941
传　真：010-68209616
网　址：www.ccidwise.com
电子邮件：wangle@ccidgroup.com